湖北省高等学校哲学社会科学研究项目——基于 VR 技术的教学实践研究——课题编号 21Q248

英语口语教学中
网络技术的应用研究

肖欣◎著

吉林人民出版社

图书在版编目 (CIP) 数据

英语口语教学中网络技术的应用研究 / 肖欣著 . --
长春 : 吉林人民出版社 , 2022.11
ISBN 978-7-206-19647-8

Ⅰ . ①英… Ⅱ . ①肖… Ⅲ . ①计算机网络 – 应用 – 英
语 – 口语 – 教学研究 Ⅳ . ① H319.9-39

中国版本图书馆 CIP 数据核字 (2022) 第 257941 号

英语口语教学中网络技术的应用研究

YINGYU KOUYU JIAOXUE ZHONG WANGLUO JISHU DE YINGYONG YANJIU

著　　者：肖　欣
责任编辑：孙　昶　　　　　　　　　封面设计：吕荣华
吉林人民出版社出版 发行（长春市人民大街 7548 号）　邮政编码：130022
印　　刷：石家庄汇展印刷有限公司
开　　本：710mm × 1000mm　　1/16
印　　张：10.5　　　　　　　　　字　　数：200 千字
标准书号：ISBN 978-7-206-19647-8
版　　次：2022 年 11 月第 1 版　　印　　次：2023 年 1 月第 1 次印刷
定　　价：68.00 元

如发现印装质量问题，影响阅读，请与印刷厂联系调换。

前　言

在党的二十大报告中，已经明确指出要坚持教育优先发展、科技自立自强、人才引领驱动，加快建设教育强国、科技强国、人才强国的步伐。面对这一新要求，高校教育教学工作必然迎来新的挑战，高校英语口语教学的未来发展固然也不例外。基于此，新技术的应用必然成为全面提升高校英语口语教学质量的有力抓手，以网络信息技术为核心的教学技术全面应用自然成为关键中的关键。基于此，本书就以此为立足点，通过以下七部分对英语口语教学中网络技术的应用做出系统性研究。

第一部分：主要针对本书创作的时代背景，以及当今时代背景之下高校英语口语教学所要面对的新挑战做出明确阐述，充分阐述本书创作的意义所在。与此同时，对学术界有关理论研究成果和核心概念界定做出系统分析，从中找出本书创作可借鉴的观点，为本书创作提供了坚实的理论基础。

第二部分：主要以时代发展大背景梗概为起点，针对英语口语教学的发展机遇和所面临的新要求和新挑战做出系统概述，在网络技术为高校英语口语教学的有效应用打下坚实理论基础的同时，更为高校英语口语教学质量的全面提升提供理想前提条件。

第三部分：主要从英语口语教学技术的应用历程和观念入手，即从应试教育观念下的多媒体技术教学、素质教学下的慕课及微课，以及网络信息化发展下的远程教育和智慧课堂入手，分别论述其在英语口语教学过程中的发展历程。

第四部分：主要从 5G 网络、数据技术以及云技术、虚拟现实技术三个角度进行论述，并注重讲授技术在推动教育、教学发展等多个方面的作用，为网络技术在高校英语口语教学中的顺利应用提供强大的支撑条件。

第五部分：从应用策略入手，对 VR 技术、网络互动平台技术、大数据技术、口语测评技术在高校英语口语教学中的应用策略进行全面阐述，并提出具体的应用实施方案。

第六部分：以实际案例为中心，将 VR 技术、网络互动平台功能模块、教学资源平台、口语自动检测技术在高校英语口语教学实践中的创新应用予以充分体现，确保师生在教学活动中享受现代技术带来便捷的同时，达到全面提升高校英语口语教学质量的目的。

第七部分：主要对现阶段教师的教学进行思考，并从 VR 技术应用、互联网平台的使用、教学平台的构建以及口语自动检测平台的运用四个方面对全书所阐述的观点进行总结，并对未来高校英语口语教学网络技术发展趋势与应用进行展望。

作者

2022 年 10 月 17 日

目 录

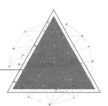

第一章 | 总论

第一节　研究背景

一、网络信息化教学模式的诞生与发展

随着互联网技术的快速发展，我国各大高校可以借助互联网技术，在一定程度上实现教育资源的合理分配。国务院在《关于积极推进"互联网+"行动的指导意见》中提出："要鼓励互联网企业与社会教育机构根据市场需求开发数字教育资源，提供网络化教育服务。"这个意见给学校带来的启示是学校可以利用数字教育资源及教育服务平台，探索网络化教育新模式，扩大优质教育资源覆盖面，促进教育公平。通过"互联网"与"教育"相结合，高校英语教师可以运用大数据、云计算和人工智能等新一代的信息技术，在一定程度上促进教育资源优化配置。通过"互联网"与"教育"相结合，高校英语教师可以真正探索出网络教育教学新模式，更好地将新技术与传统教育教学模式的优势进行融合，构建"强强联合"的教育模式，推动英语口语教学质量的提升。

（一）网络信息化教学理念的提出

网络信息化教学理念是于扬在中国第五届移动互联网博览会上提出的，这一理念在教育界和互联网行业得到了广泛的认可，引起了一场社会性的教育讨论热潮。简而言之，"互联网+"中的互联网是新一代信息技术，其包括各种新兴技术，如人工智能、大数据、云计算等。而"+"为互联网赋予了一种特殊的属性，即互联网在一定程度上推动传统行业的改革和发展。当今时代教育发展一方面是创新2.0时代下互联网发展的一种新形式，另一方面是各种综合因素共同作用的结果，即经济、科技以及社会相互作用下的产物。

网络信息化教学是互联网与传统行业融合的升级版。人们通过使用信息通信技术和互联网平台，深度推动互联网与传统产业连接，创造新的社会

发展业态，实现与工业、商业、金融业和教育等服务行业全面融合。值得注意的是，我们不能将"互联网"简单地与相应的产业进行单方面融合。互联网平台与各个行业之间的融合关键是创新，创新让互联网在经济、社会各个方面的发展更具有价值、意义。互联网信息技术是信息技术和社会发展的产物，具有时效性、便捷性、易传播性等特点，凭借其独有的优势，可以真正让传统行业在该技术的帮助下焕发出新的生机。

（二）网络信息化的教育模式

虽然传统的教学模式有其固有的优势，但是这种模式已经不能适应现在的发展。与此同时，我们应该意识到，我国的教育界正在掀起一场变革，传统教学正在寻找与网络信息技术的有效融合，从而形成新的教学模式，以提高教学质量、增强教学效果。网络信息化教育实现的方式非常简单：学生只需要一台电脑和互联网，就可以与世界建立连接，并以兴趣和教育需求为依据，利用空余时间，随时随地享受优质的教育资源，使学生由传统教学模式中的"被动"灌输转变为"主动"接受，提高了学生的学习质量及学习效率。随着教育高质量发展热潮的出现，教师和学生可以拥有更多的学习渠道。以英语口语教学为例，师生可以运用多种英语学习 App，如有道词典、金山词霸等学习英语口语知识。此外，在现代教育技术的作用下，在英语口语教学方面，我国出现了很多新的教学资源，如微课、慕课等。

这些资源均由全国各地优秀教师录制而成，每段视频 10～30 分钟不等。学生可以根据自己的兴趣爱好和学习需求有选择地进行学习，短时间的视频可以让学生耐心看完。这种网上学习的方式具有自由性，即学生可合理安排自己的空余时间，随时随地地观看教学视频。总而言之，网络信息化教育教学模式的出现，给学生提供了多种优质的教学资源，充分调动他们的学习积极性，真正体现学生在学习中的主体地位，学生不但主动学习，而且乐于学习，学生通过自主学习，不断摸索出属于个人的学习方法，这也提高了学生独立学习的能力。

随着社会的不断进步与发展，网络信息化教育模式越来越受到大学生的青睐，大学生通过网络视频课，可以不断学习有关英语的新知识，从而提升自己的英语水平。

（三）网络信息化教育模式发展历程

网络信息化教育一共经历了三个时期，分别是形成时期、兴起时期以及发展时期。随着各个时期的变化，人们对于该教育模式的认识也在不断发生变化。本章立足于国内视角，论述该教育模式在我国的发展历程，以及对我国的影响。

1. 形成时期（1994—2005）

在 20 世纪 90 年代后期，中国信息技术处于发展阶段，中国计算机覆盖率很低，网络带宽非常有限，这也导致大多数互联网教育产品的种类相对单一。在此时期，互联网教育处于萌芽阶段。1994 年建成的"CERNET"，此后是中国自行设计和建设的第一个采用"TCP/IP"协议的全国性计算机互联网络，中国的互联网教育基础设施逐渐完善。1996 年，我国出现最早的互联网培训机构，即"101 远程教育网"，这个机构以中小学远程教育为主要的工作方向。在随后的四年中，以"101 远程教育网"为基础的弘成教育集团成立，这是我国最早从事网络高等学历教育的服务机构。这个时期互联网教育最为突出的特点是，互联网教育资料的呈现形式开始由单一的文字转化成动态的视频，这也标志着互联网教育进入多媒体阶段，即我国的互联网教育开始萌芽。2000 年至 2005 年期间，我们经常看到网易、搜狐、百度等互联网企业，这些企业通过开发教育应用，使得我国互联网教育得到了快速发展，进一步促进我国互联网教育明晰化。

在这个阶段，远程教育将关注力放在高等教育上，大部分基础教育机构没有找到适应市场的盈利模式，进而被社会淘汰。

2. 兴起时期（2006—2011）

到了 2006 年，许多教育企业逐步转向"互联网教育"，在教育行业中进行了探索，为高校学生进行多种方式的英语学习提供了方便。此后，许多新型教育企业或机构加入教育大军，但与网络游戏、门户网站、电子商务相比，互联网教育并未得到井喷式发展。在这个时期，仅有几家远程教育公司，如中华学习网、东大正保等在海外上市，我国的互联网教育处于兴起阶段。

3. 发展时期（2012 至今）

随着网络信息技术发展步伐的不断加快，网络信息化教学在 2012 年开始进入发展新阶段。随着中国与外界的交流逐渐增多，来自美国的 MOOC（Massive Open Online Courses）和可汗学院等新兴互联网教育已开始影响中国。在此时期，互联网教育由互联网公司和教育类公司融合开展。根据投资界提供的统计数据，预计未来几年将是互联网教育产业快速发展的时期。因为互联网教育作为互联网产业的一部分，已经获得了各互联网巨头的关注，而数以百计的新兴互联网教育公司，如学而思网校、猿题库等开始进入市场。与此同时，多种新型的教学模式开始出现，如微课程、视频开放课程等。

二、研究的理论基础

（一）建构主义教学理论

1. 建构主义教学理论的主要观点

近 20 年来，建构主义已经成为教育领域的主导理论，并且对教育学的发展，尤其是数学和科学的发展产生了重大的影响。建构主义教学理论以维果茨基和皮亚杰的理论为基础，对技术的发展起到积极作用。建构主义教学理论的观点是：知识是由学生主动获取的，而不是教师单向传授的。换而言之，何克抗强调：学生在学习的过程中，不仅需要较强的主动性，而且还需获得他人的帮助，并在交流的过程中掌握更多的知识。[①]

2. 建构主义教学理论的实际运用

建构主义教学理论是基于技术的外语教学模式而设计的重要参考理论，如建构主义理论广泛应用在移动技术辅助语言学习领域。一系列研究已证明了建构主义原理是在虚拟现实环境中进行学习理解的基础。陈琦、张建伟认为，在学习的过程中可以将建构主义理论应用在增强学生英语学习的专注性方面，并设置提升学生专注性的条件，比如构建沉浸性氛围，让更多的学生融入学习中，提升整体课堂学生的参与度。[②]

[①] 何克抗.建构主义——革新传统教学的理论基础（上）[J].电化教育研究,1997（3）:3-9.

[②] 陈琦,张建伟.建构主义学习观要义评析[J].华东师范大学学报（教育科学版）,1998（1）:63-70.

（二）自我决定理论

1. 自我决定理论的定义

在教育领域，动机是影响学习的关键因素。动机是激发和维持有机体的行动，并将使行动导向某一目标的心理倾向或内部驱力。自我决定理论是一种人类动机理论，旨在系统性地阐释人类在社会环境中的需求、动机和福祉的动态。

2. 具备自我决定能力的表现

通过阅读大量关于自我决定理论的知识，得到如下的结论：结论一，人们需要有较强的自主性，即自我控制能力。结论二，人们需要具有较强的自信，即能够胜任某种事情的自信。结论三，人们需要具有亲密关系，并在与他人相处的过程中认识自我，取得良好的自我获得感。

3. 不具备自我决定能力的表现

与之相反的是，人在缺乏自我决定能力时，有三种表现：第一，人无法在从事的事件中获得精神层面的愉快感。第二，人无法为了某一目标而全身心投入。第三，人对于所做的事情充满抵触情绪。

4. 自我决定理论的实际应用

在实际应用自我决定理论方面，有关研究者用自我决定理论框架分析了关于改善学习环境影响学生的内部倾向（即满意度），并满足他们参与学习过程的动机"需求"。这给教师的启示是：在进行自我分析的过程中，教师可以设置相应的虚拟场景，让学生融入其中，并在不同的场景中激发他们英语学习的能动性，获得英语口语表达能力的提升。

（三）学习金字塔理论

1. 学习金字塔理论的定义

学习金字塔理论由美国著名的学习专家爱德加·戴尔于 1946 年提出，是一种现代学习方式的理论。这一理论是美国缅因州的国家训练实验室研究出来的成果。学习金字塔理论的操作方式是：实验人员通过观察被检验者的行为，并以固定的时间为期限进行不同角度、不同方式的观察，得出被观察者实际记忆事物能力的实验理论。

2. 学习金字塔理论的主要表现方式

（1）"听讲"学习方式。在学习金字塔理论中，"听讲"是第一种学习方式，即传统的教师讲课、学生听课的教学模式。这种教学模式的学习效果较差。通过检测发现：两周以后学生只能记住 5% 的学习内容。

（2）"阅读"学习方式。"阅读"是学习金字塔理论的第二种学习方式，即学习者通过"阅读"的方式来获取所学的知识。该方式在应用两周以后，学生可以记住所学内容的 10%。

（3）"声音、图片"学习方式。"声音、图片"是学习金字塔理论中的第三种学习方式。通过为期两周的观察，发现学生可以记住 20% 的学习内容。

（4）"示范"学习方式。通过运用"示范"学习方式，检测者对学生进行检验。发现两周以后的学习成果是：学生可以记住 30% 的学习内容。

（5）"小组讨论"学习方式。通过小组讨论，学生不断强化对知识的理解能力。同样通过为期两周的观察，发现学生可以记忆 50% 的内容。

（6）"实际演练"学习方式。"实际演练"是第六种学习方式。通过为期两周的检测，发现学生可以记住 75% 的学习内容。

（7）"教别人"或是"马上应用"的学习方式。"教别人"或是"马上应用"是学习金字塔理论中的最后一种学习方式。该方式处于金字塔的塔基部分，是最为有效的学习方式，学生可以记住 90% 的学习内容。

3. 对以上学习方式的总结

爱德加·戴尔根据学习效果对这些学习方式进行了归类，并发现在传统教学方式下，学生采取的学习方式大多以被动学习、单独学习为主，学习效果都低于 30%。与传统学习方式不同的是，教师可以组织其他不同的学习方式，比如自主探究式学习、小组合作式的团队学习，以上学习方式的学习效率可以达到 50% 以上。这也是应该推崇的学习方式。

4. 学习金字塔理论对于教学的启示

在基于金字塔学习理论的英语口语课堂中，教师的启示是：应该充分挖掘学生学习的主动性，让他们更多地参与小组学习、团队合作式学习中去，最大限度地提高课堂教学的效率与质量。同时，教师应选择适合学生学习的教学方法，积极开展各种教学活动，培养学生的自主学习能力，提高学生学习的积极性。

第二节　研究的目的与意义

一、研究的目的

（一）理论目的

互联网英语教学是一种运用网络、多媒体等工具，有效实施英语教学和学习活动的新型教学模式。互联网教学这一概念内涵丰富，具有以下几个特点。

1. 师生分离的特质

互联网英语教学作为一种全新的教学模式，主要借助互联网进行教与学，师生之间经常处于一种时间和空间的分离状态，这是互联网英语教学与其他形态的英语教学的本质区别。传统的英语教学方式是集中在一个地方，基本是在教室里，教师对班级学生进行面对面的教学活动。互联网英语教学在于教与学可以不受任何时间和地点的束缚，灵活地进行知识的传播和获取。学生完全可以根据兴趣、需求选择不同的教师的课程进行学习，一改传统教学只能"师从一师"的情况。

2. 学习的自由性

在全球互联网环境下，学生可以在任何国家、任何时间、任何地点进行学习，无限扩大未来英语教学课堂。互联网英语教学的产品内容的表现形式十分丰富，目的在于让学生直观迅速地完成知识学习。根据英语教学大纲，互联网教学平台可以提供完整的知识模块，如某一知识点或者章节。学生可以筛选自己想学的知识点开始学习，可以随时暂停和继续学习，自主学习能力提升，打破了原有的"年级"的概念。

除此之外，传统英语教学环境下，学生只能与在同一个教室内的其他学生进行学习讨论，思维难以得到充分扩展。在互联网教与学背景下，学生可以同时与不同国家、不同地域或不同种族的学生进行充分的互动，可以互相学习，互相分享知识和学习心得。

3. 满足个性化需求

尽管大多数教育专家都在提倡和强调"因材施教",但在传统教学时代,一位教师要在同一课堂上为众多学生讲授相同的内容,往往很难兼顾不同学生的智力和吸收水平的差异,而学生也较难有自主选择听或不听、听哪些内容或不听哪些内容的权利。现在,学生是学习的主体,可以按照自己的习惯、能力和时间来选择适合自己的内容进行多次学习或复习。在大数据的分析帮助下,互联网教育平台可以为每个英语学习者有针对性地制定个性化的英语学习内容、答疑解问和形成学习题库,满足不同学生的各类学习要求。

(二) 实践目的

1. 先进的网络信息技术为英语混合式教学提供了网络教学环境

当今时代背景下,教师在实施公共英语混合式教学时,网络环境提供了重要的物质条件,教师不是在课堂上简单地播放"PPT",利用麦克风等多媒体讲解课本,而是充分利用互联网所提供的便利,这在很大程度上也加速了英语教学改革的同步发展,主要体现在以下几个方面:①先进的教育技术开阔了教师的视野,丰富了英语教师的知识体系;②先进的教育技术衍生出教育的创新变革需求;③先进的教育技术给公共英语教学的各参与主体提供了更加便捷地获取信息、处理信息的能力。网络环境为学生自主学习提供信息资源,如各类微课、视频、博客、公众号、教学软件等;多媒体为传统教学提供上课所需的各类设备,如投影仪、电脑、麦克风等;教师在这个模式中充当组织者、指导者、帮助者和促进者的角色,不再是以往的指挥者、主导者;而学生可以充分发挥主观能动性,利用自主学习策略高效地吸收知识。

2. 先进的教育技术为英语混合式教学创造了移动平台

学生的课外实践离不开丰富的网络资源的支持,学习内容的交互设计,包括内容结构设计、多媒体呈现设计、教学内容的问题设计以及教学任务的可操作性设计等,都离不开移动平台的支持。移动平台的利用可大大拓展课堂空间,教师可在课前和课后通过"BBS""QQ"群及博客等多种方式与学生进行交流,及时了解学生的学习情况及学生的反馈信息。各种网络学习平台,尤其是高校资源共享平台的纷纷建立,给学生营造了和谐、开放、互动、探索的环境，使学生能够自由地通过网络与在线学生或教师平等、轻松地探讨各种问题，在学习过程中始终保持积极的自我激活状态。总之，网络信息时代使得学生可以通过移动平台，随时随地获取线上教学资源，随时随地参与线上课堂学习，随时随地进行针对性的自主学习和交流。

3. 先进的教育技术为混合式教学活动提供了必要的网络支撑

公共英语混合式教学采取"线上＋线下"的模式，在教学中，优秀的课件可以有效引导学生学习和掌握必要的知识。一方面，公共英语课件内容的选择离不开网络工具，得益于当今时代发展的大背景，教师在进行课件设计时可以搜索和筛选出精华和经典内容，譬如视频、音频、图片等资源，通过互联网课件设计工具加以呈现；另一方面，教师在进行课件设计的时候，可以采用多种多样的网络开源工具，以及一些音频和视频的资源剪辑和插入工具等。混合式教学的线上教学和部分线下教学对师生互动以及讨论的互联网环境提出要求，而英语的教学由于属于语言学科，对"互动性"的要求更甚。网络信息时代带来了多种互联网社交小程序，还带来了诸如钉钉、小打卡、作业帮等其他专属领域的社交互动小程序，教师可以利用这些小程序来实现英语混合式教学的高频互动需求。因此，网络信息时代为混合式教学互动提供网络技术支持。

二、研究意义

（一）理论意义

动机和行为是决定教育成败的关键。在英语口语教学中，学生的学习动机和学习投入是影响其学习成效的关键因素，前沿信息技术的应用能否提升学生的动机、促进学生的学习投入行为是本研究关注的现实问题。虚拟现实技术的全感官性和媒体丰富性让技术介导的感知维度变广、层次加深，虚拟现实教学的感知对教学接受行为的影响、成效作用机制及教学模式的构建是本节的主要内容。

本节融合了心理学、教育学以及传播学的理论，通过理论与实证分析结合的方式，对英语口语教学背景下的虚拟现实教学模式的感知、接受行为、成效机制和教学模式构建进行了深入和细致的分析。其理论意义包括以下四个方面。

1. 临场感

临场感是虚拟现实技术体验感知的代表性概念，但在将临场感纳入虚拟现实技术的技术接受模型研究中，缺乏对临场感结构的深入解析，即忽略了临场感是一个复杂、多面的心理感知结构的事实。已有的虚拟现实环境采纳研究通常将临场感简单处理为一个整体概念，未对临场感的结构进行细化研究，产出的结果可能缺乏准确性，对虚拟现实环境设计不具有足够的参考价值。

2. 对临场感影响机制的深入挖掘

已有研究在技术接受模型中引入临场感变量考察虚拟现实环境的用户接受行为，但关于临场感对动机信念，即感知有用性、感知易用性的影响机制却鲜有人提及。临场感从本质上来说是一种复杂的心理感觉，它具有多维度性，在不深入地分析其对动机信念影响的前提下，将其纳入技术接受模型会导致研究结果对虚拟现实环境的接受行为缺乏足够的解释。本节在深入分析临场感与心理学中心流体验结构关系的基础上，借鉴了心流体验对动机信念的影响机制，构建了虚拟现实英语口语教学模式接受行为模型，以期为虚拟现实环境的接受行为研究提供具有参考价值的研究范式。

3. 全面、深入的对比研究

有研究者通过分析已有的临场感理论，总结了影响临场感的因素及其测量方法，确定了用户特征是重要的临场感决定因素。但限于研究条件和研究样本，关于个人特质对临场感影响机制的研究成果仍比较有限，在性别、年龄等特征的临场感差异研究层面存在不一致的研究结果，在教育程度、感官偏好、专业等层面的差异研究则极其鲜见，缺乏有代表性的研究成果。

4. 个人特质对接受行为的影响机制研究

个人特质的影响包括两个层面，一方面是临场感对动机信念的影响机制；另一方面是不同特质用户的接受行为，即不同用户的动机信念对使用态度和行为意图的影响机制。忽略个人特质对接受模型的影响将导致研究结论缺乏对不同人群接受行为解释的适用性。

（二）实践意义

1. 先进的教育技术为混合式教学系统管理创造了良好的网络平台

混合式教学的执行过程涉及学生、教师、学校等多方主体，俨然形成了一个复杂的系统，也给混合式教学管理带来挑战。从另一个角度来看，先进的教育技术却给出了很好的解决方案。通过互联网系统管理平台、互联网信息存储等多种互联网手段，为混合式教学系统管理提供网络技术支持，主要包括教学评估系统、教学资源共享系统、教学课程安排系统等。通过混合式教学模式，教师不但可以通过网络进行授课，还可以备课、布置作业、批阅作业、在线答问，同样，学生可以在线下与教师互动，解决疑惑。比如，通过网络教学平台，教师将上课的资料上传到教学平台上，学生在课余时间既可温故知新，又可在网上完成教师布置的作业，教师可以集中回答学生提出的问题。这种学习平台强化了大学英语教学中的实践教学环节，在提升学生听说读写译的综合能力的同时，让学生真正体验到语言交际功能。

2. 先进的教育技术促进了英语教学方法的革新

传统的教学资源、教学内容有限，教学方式方法通常比较单一。自进入 21 世纪，数字化、信息化逐步普及，也恰好促进了英语教学方式方法的革新，它是这个互联网时代的必然产物。先进的教育技术促进公共英语线下与线上教学方式的结合。传统的英语教学存在诸多问题，学生进行英语实践练习的机会少，学生的自学能力无法得到有效的训练和提高，语言综合运用能力根本得不到锻炼。但是，传统教学方式也有它的优势，如传统课堂上，师生的交流是师生间非常有效的情感互动途径，师生面对面的交流、互动、纠正、强化等各环节都更有利于及时有效地开展学习策略训练、进行及时的效果评价和反馈等。而当今时代大环境之下，利用互联网工具和方法能够有效地解决这些问题，促使教学实施更加便捷高效。教师又可以利用多样的互联网工具制作丰富的、最新的教学课件，可以利用互联网沟通工具加强跟学生之间的互动，丰富教学活动的形式等。可以说，先进的教育技术促进了英语线上与线下教学方式的结合，两种方式优势互补，让英语混合式教学内容更加丰富，促使教学效果的提升。其主要体现在以下几个方面：①先进的教育技术所提供的教学工具推动了教学教案、教学课件的制作，打破了传统的黑板教学，教学手段得到更新；②先进的教育技术使得教师的教学方法更加丰富多彩，多种教学方法随着信息化的发展，产生了诸如慕课、翻转课堂等教学方法；③打破时间和空间界限，让教学不再局限于教室，让学习者可以在任何地点、任何时间开始学习，从而促进教师和学生之间的交流，使得教学反馈也能够更加快速地获取，以提高教学效果。

3. 先进的教育技术促进了公共英语课堂师生互动与学生自主学习

自主学习就是要在教学活动中充分发挥学生的主体作用，激发学生内在的主体意识，把被动的学习方式转变为灵活主动的学习方式，在时间和空间上都给学生足够的自由来选择和内化学习的内容，使学生真正成为学习的主人。高校的学生在英语学习中存在的主要困难是缺乏学习目标和动力，不良的学习方法直接导致学习效率低下。英语基础知识和能力的欠缺造成他们缺乏自主学习的兴趣和信心，对教师的依赖性大。教师应当科学、全面地分析不同的学生个体，给予针对性的指导，在帮助学生提高英语基础知识水平和语言能力的同时，还要帮助学生树立学习的信心和决心，让学生逐渐从被动认知过渡到主动认知，从而逐渐具备自主学习的能力。就当今乃至未来社会而言，教师可以借助现代化信息技术教学设备，将课程内容及补充知识制作成课件或视频，突出知识重点、难点，通过移动网络平台展示给学生，学生则利用课后时间通过观看课件和相关教学视频进行自主学习，并进行在线试题的自我测试，了解自己对新知识的掌握情况。学生也可以根据自己的英语基础，随时随地补充英语知识，调整学习进度，进行反复多次的学习和测试，达到课前熟练掌握教师课堂上的知识点，减少课堂上的紧张和害羞的心理，同时，增加了课堂师生的互动。

第三节　口语教学中网络技术应用的理论基础以及教学启示

一、理论基础以及教学启示

在网络信息化视域下的高校英语口语教学过程中，高校英语教师为了增强学生英语口语表达的逻辑性，提升学生的英语口语表达水平，可以以如下的理论以及教学启示为指导。

（一）多元智力理论

多元智力理论是霍德华·加德纳提出的，它是对传统智力理论的继承和发扬。霍德华·加德纳主张：智力是一定时期、产生于一定背景的认知能力，主要用于解决现阶段的问题。多元智力理论是一种务实性的理论，对学生而言，多元智力理论强调要关注学生的逻辑思维以及表达能力，还要注重提升学生的学习自主性，增强学生的思维创造力，让学生在表达的过程中意识到自己思维的漏洞，并通过自主学习来完善。除此之外，多元智力理论还特别说明培养学生创造性思维的重要性，注重让学生创造性地打破个人熟知的语言表达结构，从实际生活以及应用入手，开展多种形式的语言表达形式，增强学生的综合表达能力。对教师而言，教师在多元智力理论指导下的启示如下：一、教师通过指导学生英语口语学习，发现自身在教学中存在的问题，即从与学生的互动中进行教学反思；二、教师可突破个人的思维禁锢，结合具体的英语口语教学状况，适时地进行反思，并大胆进行创造，真正走出个人在英语口语教学中的舒适圈，实现高校英语口语教学的新突破；三、教师可进行横向的教学反思，比如通过与同事交流、参与座谈会的形式，了解其他英语教师口语教学思维和观念，从更为多元的角度进行英语口语授课，推动个人英语口语教学水平更上一层楼。

总而言之，在多元智力理论的指导下，英语教师在开展口语教学的过程中，首先需要转变原有的观念，即纠正"非对即错"的理念，从学生口语表达水平入手；其次，在运用先进的教育技术开展口语教学的过程中，在夯实学生英语口语表达能力的基础上，应加强学生的思维训练，让学生真正在交流的过程中从不同的视角运用不同英语知识点表达个人的观念，真正让学生在交流的过程中更为熟练地理解和运用口语知识，同时提升整体的高校英语口语教学水平。

（二）人本主义理论

人本主义理论产生于 20 世纪六七十年代，是与行为理论、精神理论相对立的心理理论。这种理论的发展之处在于打破原有的"唯知识本位"的思维，提倡在教学的过程中从知识接受者的角度思考问题，提出"唯学生本位"的教学思维，此种思维方式对于高校英语口语教学观念的延展以及思维的更新大有裨益。在实际的英语口语教学过程中，可以借鉴如下几点内容。

1. 在英语口语教学过程中融入自由学习观理论

在融入自由学习观理论方面，罗杰斯主要培养具有学习性、创造性并适应社会发展的人才。他的理论重点阐释出学习者在学习情感、认知能力以及知识基础方面的关系，这也是其人本主义理论的核心内容。这给高校英语口语教师的教学启示是：教师需从现实出发，灵活选择适应时代发展的英语口语教学内容，并在此基础上，站在学习者的角度思考问题。

2. 将以学生为中心的观念融入英语口语教学中

以学生为中心的观念认为：学生是学习的主体，要激发他们的学习能动性。在学生学习的过程中，教师扮演的是"培教"的角色。这给高校英语教师的启发是教师在教学过程中需要与学生建立良好的关系，在英语口语的教学过程中做到"知己知彼"，更好地与学生交流，了解他们在英语学习中的漏洞，给予相应的英语口语学习意见。

3. 将知情统一教学目标渗透到英语口语教学中

英语口语教学的最终目的是运用，即提高学生的英语口语表达能力。在知情统一的观念中，美国心理学家罗杰认为：人的精神世界由两部分构成，即认知世界和情感世界。这给高校英语教师在口语教学中的启示是：教师需要从学生的情感入手，让他们真正产生学习英语口语的兴趣，并在此基础上拓展他们的英语认知，使学生在英语学习的过程中，不断丰富英语口语知识、扩展表达思维的边界，促进他们英语口语表达水平的提升。

（三）建构主义理论

1. 建构主义理论的定义

建构主义理论认为：学生学习知识的过程并不是教师灌输的过程，而是学生在他人的指导下自主进行学习的过程。建构主义理论涉及的内容包括学习过程、学习共同体以及学习关系。学习过程是指学生融入情境中，在与他人互动时，学习、理解和运用知识的整个过程。学习共同体主要是指由学生与助学者组成的学习主体，包括学生、教师、专家等。学习关系是在学习共同体的基础之上，既要发挥学生的学习能动性，又需教师发挥教学中的主导作用，合理安排"教师教知识"与"学生学知识"之间的比例，达到教学相长的目的。

2. 建构主义理论对高校英语教师的启示

（1）增强英语口语课堂教学的互动性。在增强英语口语课堂教学互动性的过程中，教师可从两方面入手。一方面，鼓励学生进行创新性思考。在口语教学时，教师可以为学生提供独立思考的空间和时间，让学生在遇到问题时，尝试先自己解决问题，并从不同的角度探究问题的解决策略，促进他们创造性思维的形成。更为重要的是，教师可以引导学生运用思维导图的方式，梳理在表达中存在的问题，真正在拓展个人口语学习方向的同时，更为积极地投入到英语口语学习过程中。另一方面，构建头脑风暴平台。在学生进行独立思考后，教师可搭建头脑风暴平台，让他们在相互沟通的过程中，突破个人的固定化的表达逻辑，学习更为多样的表达形式。与此同时，教师可以随机性地针对学生可能出现的问题进行针对性指导，使学生真正获得口语表达思维方式的延展，增强他们口语表达能力。

（2）凸显学生在英语口语课堂学习的主体性。在互联网视域下开展英语口语教学的过程中，教师可以凸显学生在口语学习中的主体地位，并在此基础上，设定以学生为主体的授课模式，真正激发学生的学习能动性，增强他们的口语表达能力。在实际的执行过程中，教师可借鉴如图1-1所示的步骤。

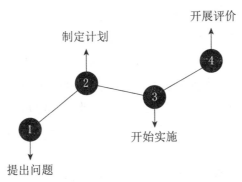

图1-1 执行步骤

首先，提出问题。在口语教学过程中，教师可提出开放性的口语问题。比如，教师可引入学生熟知的英语电影，比如《阿甘正传》，让学生进行故事的续写。在此之后，教师可组织一些爱表演的学生选择对应的角色进行针对性的表演。

其次，制定计划。高校英语教师可制定相应的计划，比如剧本的制作进度计划以及后续的表演人员的选择。在实际的计划制订过程中，教师让学生独立制订，并结合学生在计划方面存在的问题给予相应的评价和指导。

再次，开始实施。在具体实施的过程中，教师可以为学生提供知识、策略方面的指导，让他们结合实际剧本编写的需要，适时地向教师提出针对性的见解，使他们在此过程中更为主动地学习英语知识，并真正做到现学现用，提升学生口语表达的实用性。

最后，开展评价。在进行评价的过程中，教师可以结合学生在此过程中的表现进行针对性的评价，突出解决学生在此次情景剧表演过程中的突出问题，在让自身英语口语教学更具针对性的同时，更为精准地开展口语教学，促进英语口语教学质量的提升。

（四）计算机辅助语言教学理论

1. 计算机辅助语言教学的定义

计算机辅助语言教学（computer-assisted language learning）简称 CALL，即计算机按照人们事先安排的语言教学计划和内容进行课堂教学和辅助课外操练。

2. 计算机辅助语言教学的类型

（1）讲授型。讲授型是指由计算机向学生提供讲授的教材，学生通过计算机显示屏上显示的课文和计算机所放出的语声解释进行学习。

（2）操练型。操练型是指由计算机向学生提供各种练习题，学生即时回答，计算机做出评价，并决定学生是复习前一课，还是学习下一课。

（3）模拟型。模拟型是利用计算机的动画、语声，或与录像技术相结合，通过逼真地模拟人们日常生活的实际情景，让学生在这种环境的刺激、诱导下做出恰当的言语反应。

（4）工具型。工具型软件与上述三种完全不同，它不是面向学生，而是面向教师，一般指由计算机给语言教师的教学或研究工作提供必要的智力工具。它可以分成两类。一类为教师编制上述三种课件提供特殊的程序设计语言，称为编著语言。另一类是能给教师起智力助手作用的软件，例如，帮助教师自动地编制索引，统计词汇，分析句型，或是拟出各类试题，等等。目前还有一种帮助教师对学生的考试结果进行分析的软件，也归入这一类，称为测试研究。

3.计算机辅助语言教学的优点

由计算机运行课件在教育学方面一般具有以下四个优点。首先，自定步调。学生的学习能力自然地决定了课件运行，即课程进行的速度，可以真正做到"因材施教"。其次，减轻学生的心理负担。计算机不表露任何情感，永远是耐心、细致地诱导、鼓励学生，达到预期的效果。再次，课件可以吸收多位专家、教师的经验。最后，便于教学资料的积累和学生档案的保存。

总而言之，计算机辅助语言教学的优点是能提高教师备课、教学、研究等活动的效率，使他们把精力集中到更有创造性的方面去。

4.计算机辅助语言教学理论带来的教学启示

高校英语教师可以运用计算机辅助语言教学理论进行英语口语课件的制作，并着重遵循如下的课件制作流程。首先，制作课件。高校英语教师可以通过计算机将口语知识，如词汇学习、朗读内容等制作成课件，让学生通过计算机显示器学习口语知识。其次，开展练习。高校英语教师结合计算机中的课件知识，制定对应的英语口语练习题目，让学生有针对性地练习。在此值得一提的是，教师在计算机中可以设置语音模块，让学生将个人的发音输入到此模块中，对他们的发音进行针对性打分。更为关键的是，教师可以通过此模块了解学生在口语中出现的问题，并再次通过计算机制作课件的形式，解决学生在口语中出现的问题，提高学生的口语表达能力。总之，通过使用计算机辅助语言教学理论，教师可以形成闭环式的口语授课形式，即：制作课件，讲解新知识；通过练习，发现新问题；再次制作课件，解决新问题，充分借助计算机的力量，提高学生英语口语学习的自主性，提升教师的英语口语教学水平。

二、先进的教育技术在英语口语教学中的应用理论

（一）与教师结合的意义

为了适应英语教学的大趋势，高校可从实际口语教学现状入手，结合未来发展的趋势，充分运用各种网络信息平台与教师结合的理论，并借鉴如下几点。首先，培养教师的网络化教学思维。学校可通过多种培训方式，比如讲座、实操等方式，让教师意识到网络化教学思维的重要性，并结合个人的实际水平，灵活学习一切有关知识，促进高校英语口语教学质量的提升。其

次，改变英语口语教学组织形态。高校为要想改变原有的英语口语教学组织形态可以从实际的现状着力，并在此基础上，构建英语口语教研云网站，让教师在此网站学习口语教学方法，解决英语口语教学困惑，实现教学组织的网络化，促进高校英语口语教学质量的提升。最后，开展"众筹式"的英语口语授课形态。在进行大项网络化英语口语授课过程中，高校可以利用自身的力量，将各个英语方面的人才纳入英语教研云平台上，让各个英语教学方面的专家共同探讨解决英语口语教学的问题，并合理划分对应的职责，促进英语教师口语教学水平的整体提升。

（二）与课程相结合的意义

网络化教学模式的出现在一定程度上促进了课程内容、课程形式以及课程组织多方面的变化，这对高校英语口语教学具有一定的促进作用。在进行课程设置的过程中，教师可借助网络化教学模式所具有的交互性、可视化、媒体化以及智能化的特性，构建更具人性的网络化英语授课模式，让学生感受到高校英语口语学习的"可触碰性"，推动英语口语教学的顺利开展。在课程形式方面，教师可组织多样性的课程形式，比如微课、慕课等，通过布置多样性的课程形式，激发的学生学习兴趣，提升整体的课程教学效果。

第二章 | 英语口语教学的发展

本章主要以网络技术在英语口语教学中的应用为起点，分析当今对英语口语教学发展提出的新要求，为互联网在高校英语口语教学中的有效应用打下坚实的理论基础，促进高校英语口语教学质量的高效提升。

第一节　网络技术为英语口语教学提供了机遇

一、网络信息化的英语口语教学

现代信息技术已经融入教育教学过程中，为英语口语教学插上了有力的"翅膀"，真正实现英语口语教学的便捷性和共享性，大大提升英语口语教学质量。在进行网络信息化的英语口语教学过程中，教师可从英语教学手段、教学思维以及教学模式等多个角度实现英语教学的全方位升级。在实际的英语教学过程中，高校教师可运用多种形式，比如手机课堂、翻转课堂、慕课、微信、抖音、快手等，真正转变传统的英语授课模式，突破传统英语教学中的时空局限，增强学生英语口语学习的趣味性。本节主要从学生、时代发展趋势以及英语口语教学的新变化三个角度介绍当今乃至未来英语口语教学的新发展。

对学生而言，高校学生是英语口语学习的独立主体，可以从个人的兴趣、知识点的薄弱环节入手，灵活选择英语口语学习的时间以及方式，真正在一定程度上摆脱对教师的依赖。与此同时，高校学生可以在网络上实现与不同主体的交流。比如，在专业口语知识的学习中，学生可以和外教交流，真正感受英语对话的氛围，锻炼英语口语表达能力。在知识点的学习上，学生可以和任课教师交流，让任课教师结合学生的英语学习水平，提出针对性的建议，从而逐步改正个人在英语学习中的问题。在学习方法方面，学生可以和同学交流，在实际的交流过程中取长补短，促进他们综合英语学习能力提升。总之，通过从学生的角度构建英语交流平台，教师可充分发挥学生在英语学习中的主体地位，让他们真正在英语学习的过程中掌握必要的口语表达方法和规律，促进学生英语综合口语表达能力的提升。

从时代发展趋势而言，网络信息化教学模式是国家提倡的，在英语口语教学中取得了飞速的发展。在实际深化落实的过程中，国家出台相应的政策，推动网络技术融入现实的生活和教育中，真正推动现代教育的"新革命"。

在 2014 年举办的首届世界互联网大会上，国家提出借助网络信息平台实现"大众创业、万众创新"这一新目标，并在此过程中，真正将"互联网+"作为推动我国现阶段经济改革的"新引擎"。

2015 年，在全国两会期间，马化腾提出《关于以"互联网+"为驱动，推动我国经济社会创新发展的建议》，鼓励政府借助一切可借助的力量，推动各项事业的发展，真正把互联网提升到国家发展战略层次。

同年，第二届世界互联网大会在浙江乌镇开展，并重点从"互联网+"与英语口语相结合的角度进行了探讨。在这次大会上，王晓提出"'互联网+'背景下的教学新生态"，指出互联网对于现阶段英语教学的影响，这也为现阶段英语口语教学提供了新出路。

从新变化而言，主要体现在以下四个方面。首先，教学形式。互联网视域下高校英语教学形式发生了新变化，促进线上与线下教学的深度融合，让学生在享受线上自由学习的同时，可以在线下讨论线上面临的问题，也可以辅助教师结合高校学生的问题制定相应的策略，推动教学形式的转变，将高校英语口语教学提升到新的高度。其次，学习意愿。网络技术与高校英语口语教学深度融合有利于学生结合个人的意愿，自主开展英语口语学习，最大限度地满足学生独立学习、个性学习的主观需求。再次，角色观念。在互联网背景下，教师成为口语教学的"教练"，结合学生口语表达状况，给予他们不同的评价和指导，让学生更为科学地学习英语口语知识，获得口语表达能力的提升。最后，管理方式。在进行口语教学过程中，教师根据给管理方式，真正落实"因材施教"的原则，开展多种英语口语授课形式，比如分层教学、分组教学等，借助互联网的力量，构建多种形式的英语授课管理模式，真正转变原有的将学生当作"学习容器"的思维，让他们更为积极地投入到英语学习过程中，实现口语知识的有效传递和转化，促进学生英语口语综合表达水平的提升。

总而言之，网络技术为英语口语教学带来了新的变化，并真正推动英语教学在各个层面的改革，真正实现以学生为主体的英语教学新模式的构建，

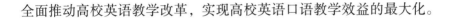

全面推动高校英语教学改革，实现高校英语口语教学效益的最大化。

二、网络技术应用在英语口语教学中的意义

（一）促进英语口语智能化平台的构建

笔者通过与众多在校大学生以及英语教师交流，得到如下结论：结论一，大部分学生将网络作为锻炼口语的重要途径，更为主动地进行英语口语学习。结论二，现阶段的口语在线平台众多，可以最大限度地满足学生的英语口语学习需求，如新东方在线、英语流利说等。总之，笔者发现大部分学生喜欢采用线上的方式学习英语。具体言之，构建英语口语智能化平台的意义主要体现在以下几点。

1. 实现教学方式的多样化

学生在智能化平台可以进行多种形式的英语口语学习。从英语口语学习组织形式而言，教师可构建"一对一""多对一"的英语教学模式，并设置对话情景，让学生扮演相应的角色，提升高校英语口语教学的沉浸感，让学生更为积极地投入到英语口语学习中，增强学生的英语口语表达水平。从英语学习方式而言，高校教师可构建以下三种学生独立学习形式。

第一种，移动学习模式。通过搭建手机端以及电脑端的协同平台，真正让学生摆脱实际英语学习中的时空局限，运用手机、电脑进行更为便捷的英语口语锻炼。

第二种，沉浸式、互动式学习模式。教师可使用"VR"模拟技术，营造情景性英语口语锻炼氛围，真正让学生沉浸其中，融入不同场景中，比如商务场景、旅游场景、生活场景等，从不同的角度运用英语表达个人的看法，促进他们英语口语体系的构建。

第三种，体验式学习模式。高校英语教师可构建体验式的口语授课模式，一方面可以让学生观看影视，并进行对应角色的配音，另一方面可设置不同形式的英语口语锻炼模式，比如闯关模式等，让学生在体验中获得英语口语表达能力的全方位提升。

2. 让英语口语教学更具有方向性

通过构建英语口语智能化平台，教师可设置学、练、评相结合的口语教学模式，落实"当堂问题，当堂解决"的思维，真正利用大数据统计学生在

口语学习中的问题，建立属于每位学生的口语学习数据导图，让他们真正在了解个人英语学习的基础上，找准个人学习的着力点，使教师的英语口语教学更具有针对性。在实际的口语练习过程中，部分英语教师可在网络上设置具有层次性的英语口语网络学习模块，让学生在测试的过程中了解英语学习的优势和不足，针对个人在听力学习中的不足进行方向性的英语口语学习，让他们弥补不足，让学生的英语口语学习更具有方向性。

（二）促进英语语境的构建

1. 语境的内容

语境包括以下三方面的内容：内容一，学生通过联系与交流者之前、之后的内容，揣测在交流过程中的一些未知信息。内容二，学生通过分析在交流过程中出现的周围情景，比如交流内容中主人公所发生的事件、事件发生的前因后果等因素，在头脑中构建交流中的场景，最终达到高效理解交流者信息的目的。内容三，学生可以联系交流对象所在的民族，以及在民族中体现的风土人情，实现更为有效的语言交流。

2. 构建英语语境的实际意义

语境是英语学习的重要因素之一。通过培养学生的语境思维，教师可以真正让学生在英语读写译说中游刃有余，感受英语学习的乐趣。本节主要从四个方面论述构建英语语境的实际意义，如图2-1所示。

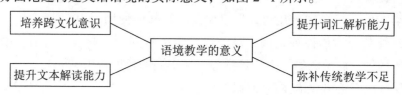

图 2-1　构建英语语境的实际意义概括

（1）弥补传统英语口语教学中的不足。在传统英语口语教学过程中，教师受到各种条件的限制，不能设置生动的情景，导致学生无法有效融入其中，获得口语表达能力的增强。为此，教师以信息技术为手段设置英语授课情景，比如通过音乐、图片等方式，或者是引入"模仿秀"，让学生进行相应的配音表演，使他们更为迅速地融入英语教学情景中，使他们的英语口语表达水平获得提升，弥补传统英语口语教学中的不足。

（2）提升学生的词汇解析能力。在实际的英语口语对话过程中，学生为了实现有效沟通，需要根据与其他交流者的对话，并结合具体的对话内容，合理揣测陌生词汇的词义，锻炼词汇解析能力。通过设置合理的语境，教师可辅助学生思考，让学生从语境入手，充分调动学生的生活经验以及英语知识储备（比如英语文化知识），使学生充分运用各种条件，实现词汇的合理揣测，促进学生词汇解析能力的增强。

（3）提升文本解读能力。通过进行英语口语练习，教师可有效培养学生的语境思维，让他们从各个角度充分运用已知信息进行未知信息的推理，比如可以从题目出发分析文章的主要内容以及组织逻辑，也可以从段落入手分析重点句子的句意等，使学生真正在现有资料的基础上进行合理的想象和思维的发散，促进他们文本解读能力的增强，真正实现动态化英语学习与静态化英语学习的有效融合。

（4）培养学生的跨文化意识。在高校英语授课过程中，教师可通过运用网络技术的方式，引入各种具有实用性、与学生实际学习水平相符的英语口语教学内容，设置多种形式的对话场景，让学生在实际的锻炼过程中拓展个人的英语学习视野，促进他们跨文化意识的形成；在进行英语口语对话的过程中，高校教师可运用各种网络技术引入不同场景下各个国家人民的交流场景，并进行对比，让学生发现不同国家在文化方面存在的不同。与此同时，教师可从两者文化中的不同入手，延展各个文化产生的时代背景，以及各个地区的风土人情等，真正让学生以文化场景为突破口，从不同角度探究文化的产生根源，让他们形成跨文化意识。

第二节　对英语口语教学发展提出的新要求

一、当前对学生英语口语学习能力提出的新要求

《面向未来：21世纪核心素养教育的全球经验》指出：信息素养是21世纪公民必须具备的素养之一。为了在"互联网+"背景下有效促进学生英语口语表达能力，教师需要提升学生的信息素养，让学生真正在信息大爆炸时代中，通过借助互联网的力量，更为自主地学习英语口语知识，掌握必备的英语口语学习技巧，促进他们英语口语表达水平的提升。

（一）培养思辨思维

1. 思辨思维的定义

思辨思维的定义包括以下四方面的内容。第一，解释。学生在对话的过程中需要对了解的对话内容进行换角度的论述，将对话内容纳入个人的语言表达体系中，将之与其他英语口语知识进行对比，实现有效的英语口语知识理解和表达，完成解释的过程。第二，分析。学生通过对话可以学习新的英语口语知识，对新的英语口语知识的定义进行针对解析，对比新旧知识的不同，了解新的英语口语知识的内在逻辑，实现个人英语口语知识体系的完善，为后续的英语口语更为有效地解析奠定知识基础。第三，评价。学生在英语口语对话的过程中设定对话交流目标，引入对话"参照系"，一方面要从个人的角度进行自我评价和纠正，另一方面通过与他人（比如教师、学生）交流的方式，更为直观地进行英语口语对话评价。第四，推断。在与他人的对话过程中，学生需要通过对话者的发言内容，分析对话者在表达中的留白之处，便于后续合理地预见对话者的内容，更为默契和高效地对话，促进个人思维逻辑性的提升。第五，调节。学生在进行对话的过程中，除了需要从对话技巧上进行调节之外，更需要对个人对话的心理进行有效调节，冷静、全面地分析对话者语言目的，实现有效对话。

2. 培养思辨思维的具体要求

（1）适时追问，增强思维深度。就当前而言，在进行英语口语对话教学中，高校教师可有效利用信息技术营造的氛围，准确把握追问的时机，让学生在对话的过程中进一步扩大交流的深度和广度，实现英语口语知识点理解的透彻化，最终达到增强学生思维深度的目的。值得注意的是，在实际的追问过程中，教师需要结合现实的英语口语教学状况，一方面让学生在追问的状况下深入思考已经掌握的英语口语知识，另一方面使学生在此过程中不断转变英语表达的方式，使学生敢于交流，认真思考，真正促进学生心理协调能力以及思维深度的双向提升。

（2）注意留白，渗透人本思想。教师在利用网络技术开展英语口语对话教学过程中需要为学生留白，让他们独立"咀嚼"英语口语对话中的重难点知识，为学生提供充足的思考空间。与此同时，在学生发言的过程中，教师需落实人本思考，站在学生立场给予他们必要的关心和鼓励，让他们在教师的鼓励中获得思维潜能的激发，真正让他们在思考、表达中形成良好的英语学习情感，树立英语表达的自信心，为增强他们的思辨思维打下良好的心理基础。除了进行鼓励外，教师可以以思考空间为突破口，组织学生进行头脑风暴。比如，教师可让学生结合对话的前半部分进行合理的想象，自主构建对话剧本，让他们结合个人的生活经验，从多个角度完成对话，真正为学生思辨思维的提升创造必要的条件。

（3）绘制导图，发展理性思维。在英语口语教学的过程中，教师除了要让学生掌握基本的英语口语表达技巧，增强他们的思维创新性外，需注意培养学生的理性思维，让他们的英语口语表达更具有周密性、逻辑性，最终达到培养学生思辨思维的目的。对此，英语教师可以借助"思维导图"的力量，让学生反思个人的对话思维，使他们在制图的过程中获得分析、解决问题的方法，使他们的思维更具有理性。

（二）开展泛在学习

1.泛在学习的定义

泛在学习，即无处不在的学习，学习者在任何时间、任何地点、以任何方式进行英语口语学习。泛在学习有狭义、广义两种说法。

狭义上来说，技术人员通过运用计算机技术，构建智能化的学习环境，让学生突破原有的学习时空、方式，更为便捷地进行英语口语知识的学习，促进他们英语口语知识体系的构建，掌握具有便捷性的英语口语学习方式。

广义上来说，学习者通过运用信息技术，一方面可以实现随时随地学习，比如从时间、地点入手，另一方面可以灵活采用多种学习工具，结合个人的实际学习水平，选择针对性的内容，提升学生的英语口语表达能力。

2.泛在学习的特点

（1）持续性。在泛在学习的过程中，学生在主观意愿的前提下，可以进行连续性的学习，并一直保持持续学习的状况。学生在持续学习的过程中，一方面需树立学习目标，另一方面应制定学习计划，在不断克服学习困难的过程中逐步树立学习的自信心。

（2）即时性。学生在进行泛在学习的过程中可以不必考虑学习的时间和地点，适时地记录学习中存在的问题以及良好的学习方法，实现学习的即时性。与此同时，学生在具体的学习过程中可使用信息技术制定属于个人的思维导图，将学习中的疑惑点、收获点以及分析点进行分类，真正让个人的英语口语学习更具有方向性。

（3）交互性。在利用网络技术开展英语口语教学时，学生可以从主体和时间两个角度入手，实现英语口语学习的交互性。从主体而言，学生可以同学习伙伴、教师以及专家进行不同层次的英语口语教学内容交流，拓展学生的英语口语学习视野。从时间而言，学生可以将个人在英语口语学习过程中存在的问题划分成急需解决的问题、可等待解决的问题等，根据这些问题的形式设置不同的互动形式，最大限度地解决英语口语学习中的问题，提升学生的英语口语表达能力。

（4）情景性。在进行泛在学习的过程中，教师可以重视英语教学情景设置。在实际的情景设置过程中，教师可从学生的生活、具备的英语知识入手，真正"还原"最接近学生认知的情景，让他们融入其中，在交流的过程中综合运用英语知识，促进他们综合表达能力的增强，让英语口语教学更具有情景性。

（5）易获取性。学生在进行泛在学习的过程中可以从多个角度入手搜集相应的英语口语学习资料，并结合个人的英语口语学习习惯，灵活从视频、音频、图片中学习基础性的英语口语知识，并融入对应的情景中，结合个人的爱好以及掌握的英语知识，开展针对性的英语对话，真正享受泛在学习的易获取性优势。

3. 开展泛在学习的具体要求

为了将泛在学习教学的效益发挥到最大化，教师应了解泛在学习的具体要求，并结合相应的要求，促进英语口语教学质量的提升。本节主要从三个方面论述泛在学习的具体要求，如图 2-2 所示。

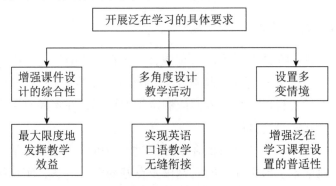

图 2-2　开展泛在学习的具体要求

（1）增强课件设置的综合性，最大限度地发挥教学效益。在进行英语口语课件设置的过程中，教师注重增强课件设置的综合性，满足不同学习层次水平学生的实际学习需要，促进教师英语口语教学能力的提升。在实际的落实上，教师可从内容、方式和评价三个角度入手；在内容设置方面，高校英语教师可结合不同学生的实际水平，设置不同层次的英语口语课件，比如基础性英语口语学习课件、综合性英语口语学习课件、延展性英语口语学习课件，提升英语课件设置的普适性；在英语口语教学方式上，教师可设置不同的口语授课形式，比如情景角色扮演法（以小组的方式进行）、配音法（个人进行），让学生融入不同英语口语学习方式中，促进他们综合表达能力的提升；在教学评价上，教师可从教学过程、结果、主体切入，以学生的学习效果为依据，真正发现学生在学习过程中的问题，促进学生英语口语表达能力的提升。除此之外，教师还可以从构建生生互动、师生互动等角度入手，让学生从不同的角度了解在英语口语表达过程中存在的问题，进行针对性地改正，提升他们的英语口语表达水平。

（2）多角度设计教学活动，实现英语口语教学的无缝衔接。在实际的落实上，教师可以借鉴以下两点内容。

第一，教师可结合不同的英语授课场景，设置相应的无缝衔接形式。形式一，学生个人与学习群体的衔接，让学生通过网络参与到英语口语学习小组中。形式二，现实与网络的无缝衔接。教师可以结合学生的实际生活状况设置不同形式的生活化对话场景，让学生融入其中，并在现实中真正运用这些英语口语知识，从而提高学生的综合英语表达水平。

第二，实现课内教学与课外教学的无缝衔接。在英语口语教学过程中，教师可通过布置英语口语作业的形式，让学生在实际的实践过程中打通现实与课堂的连接点，让他们在解决实际英语口语对话问题的过程中，更为高效地运用英语口语表达技巧，促进学生综合表达能力的提升。

（3）设置多变情境，增强泛在学习课程设置的普适性。在泛在学习的授课过程中，教师需增强个人思维的弹性，结合不同的场景设置对应的泛在学习模式，让学生在不同的场景中更为全面和立体地运用个人掌握的英语知识，增强泛在学习课程设置的普适性。在实际情境设置的过程中，教师需要处理好如下"三对关系"，即学生与教师之间的关系、学生学习水平与情境设置之间的关系、情境设置与教学内容之间的关系，旨在让学生融入情境中，更为精准地运用英语口语知识，促进他们综合表达能力的提升。

二、当前对教师英语口语教学能力提出的新要求

就目前乃至未来而言，对教师英语口语教学能力提出新要求中的"新"主要体现在教师的信息素养上。教师的信息素养主要包括信息素养意识以及信息素养能力两大部分，主要是指教师可以在最短时间内最大限度地有效挖掘、分析和运用信息的能力。本节主要从信息素养的内涵、信息素养意识以及信息素养能力三部分进行论述。

（一）信息素养的内涵

1. 信息素养的定义

信息素养是人们对信息社会的适应能力，分为基本能力和综合能力。基本能力包括人们综合运用信息解决生活、工作问题的能力。综合能力涉及的范围较广。从内容角度而言，信息素养包含经济、法律、技术以及人文等多项内容。从应用而言，信息素养是指人们在接受、掌握信息技术的基础上，根据现实需要灵活运用信息技术解决现实问题的综合能力。

2. 信息素养的内容

信息素养包括以下五部分。第一，人们热爱生活，具有较强的信息综合运用意识，可以结合生活、工作中的问题在网络上搜集、运用信息，实现解决生活中的问题的目的。第二，人们具有扎实的文化知识，运用多种文化知识对网络信息进行甄别、判断和评估。第三，人们在海量的信息数据面前具有较强的控制能力，即可以以目的、现实为导向，在享受信息红利的同时，获得综合技能的提升。第四，人们具有较强的信息分享意识，可以结合不同的信息（比如新闻、政策等）发表个人的看法，实现信息的分享、分析、分辨。第五，人们在健康心理的作用下可以运用针对性的信息，尤其是可以通过综合运用信息，逐渐养成创新意识和进取精神。

换而言之，信息素养由四大部分组成，分别为信息意识、信息知识、信息能力以及信息道德。这四大部分具有如下的关系：信息道德是信息素养的底线，信息能力是信息素养的上限，信息知识是信息素养的基础，信息意识是提升信息素养的关键。

3. 信息素养的特征

信息素养有四大特征，如下图 2-3 所示。

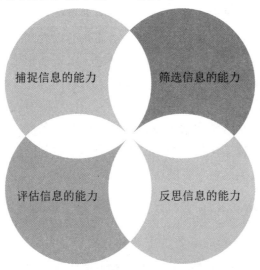

图 2-3　信息素养的四大特征

信息素养具有如下四大特征。特征一，捕捉信息的能力。人们处于信息大爆炸时代，如何在纷繁复杂的信息中搜集可能有用的信息是具备信息素养的前提条件。特征二，筛选信息的能力。人们在搜集部分可能有用的信息后需要对这部分信息进行进一步的判断、分析，再次筛选出有用的信息。特征三，评估信息的能力。在此过程中，人们需要落实"优中选优"的原则，选择最为贴近生活实际、接近问题的有用信息，有效进行信息的运用。特征四，反思信息的能力。人们通过反思整个信息捕捉、筛选、应用的过程，可以跳出原有的信息应用思维定式，从更多方向思考信息的运用途径，促进个人信息运用创新意识的形成。

（二）信息素养意识

1. 对信息素养优势的认识

对信息素养优势的认识主要从英语口语教学的五大方面论述运用信息技术的优越性。优势一，推动良好英语交际环境的构建。优势二，拓展学生在英语口语交际中的表达思维。优势三，促进英语口语教学效率的提升。优势四，助力学生英语口语知识体系的构建。优势五，让高校英语教师在口语教学的过程中懂得反思。

2. 树立科学的信息应用意识

在英语口语教学课堂上，教师除了引入新型的教学方法和手段外，更应真正从意识上纠正对信息应用的错误，由原先的以教师为中心、唯教学论的思维转化成以学生为中心、唯实用论的思维，以调动学生的英语口语学习兴趣为基础，以增强学生的英语实际应用能力为目的，让学生真正将英语学习看成是打开外部世界的"一把钥匙"。另外，在实际的信息技术应用过程中，高校英语教师需要从教学实情出发，比如学校教学条件、口语教学内容以及目标等，更为恰当地运用信息技术，构建为学生服务的信息化英语口语授课模式，满足现阶段英语教学发展所提出的新要求。

3. 信息素养的必要性

增强教师信息素养的必要性主要体现在以下几方面。首先，信息素养是现代公民必备的素质。为了让学生更好地适应现阶段的信息化时代，教师有必要提升个人的信息素养，并将个人掌握的信息素养教授于学生，真正提升学生的信息素养，让他们适应信息化时代。其次，促进教师解决英语口语教学中的问题。在高校英语教学中，教师可能需要面临多种问题。对此，教师可运用信息技术，在网络上搜集解决英语口语教学问题的方法，充分运用网络上丰富的口语教学资源，在适应英语教学科技化的同时，促进个人口语教学能力的提升。最后，满足现阶段的英语教学要求。在英语口语教学过程中，教师可以以网络技术为支撑，构建多种形式的微课件，让学生突破时空的局限，随时随地学习英语，构建具有自主性、个性化的英语口语教学形式，促进学生综合学习水平的提升。总而言之，教师可通过信息素养的培养，在解决现阶段口语教学问题，提升个人口语学习能力的同时，推动英语教学形式的改革，真正实现英语口语教学的高效性。

（三）信息素养能力

1. 增强英语口语教学资源的筛选能力

互联网是一个英语口语资料大宝库，其中包含丰富的英语口语教学内容。这些内容一方面具有全面性、实时性的优势，另一方面具有零散、不系统的缺陷。为此，高校英语教师可以从三个角度增强英语口语教学资源的筛选能力。角度一，教师可运用思维导图的方式，整理个人的英语口语知识体系以及教学方法，并在此基础上，结合在口语教学中存在的漏洞，进行针对性的口语教学资源搜集，完善个人英语口语教学知识体系的系统性。角度二，订阅精准性的英语口语教学公众号或者网站。教师可订阅相应的口语教学网站，以网站整合的英语口语知识点为脉络，梳理属于个人的英语口语授课体系。角度三，教师与其他同事组成英语教研小组，划分每一个教师的英语口语教学资源搜集任务，实现英语教学资源的精准性搜集。

2. 提高教师互联网工具的选择能力

在互联网背景下开展英语口语教学的过程中，常见的教学工具包括大数据、云计算。在互联网工具的选择过程中，教师需遵循务实的原则，切忌盲目追求互联网教学工具的先进性，忽视学生实际英语口语学习水平，真正立足英语口语教学现状，结合学校的实际互联网授课条件，选择最具性价比的互联网教学工具，增强英语口语教学的实效性。

比如，为了增强学生发音的标准性，教师可以引入英语配音小程序，让学生通过寻找个人喜欢的英剧、美剧，完成对应人物的配音，达到增强他们口语标准性的目的。

3. 建设数字化校园，为教师信息素养的形成提供客观条件

为了搭建良好的客观环境，高校可从搭建数字化校园入手。在落实过程中，可借鉴如下几个方面。方面一，完善英语口语教学硬件设施。高校可从完善现阶段的硬件设施入手，比如多媒体、投影仪，构建高校无线网络，实现英语口语教学数据的有效传播。方面二，优化英语口语教学软件设施。为了保护数字化校园的安全，提升互联网口语教学的有效性，高校从软件入手，一方面加强防火墙建设，另一方面进行软件的升级。方面三，加强英语口语教学数据库的建设。高校可以运用云计算、大数据以及互联网构建英语口语教学数据库，让教师通过浏览数据库的方式解决英语口语教学中的问题。

第三章 | 英语口语教学中的网络技术应用

随着网络信息技术与相关教学资源平台的普及应用，信息化成为课程教学的重要切入点和教学途径。英语口语是英语课程教学体系中非常重视实践能力提升的一部分内容，借助信息化教学，适当选取课程教学的切入点，有助于破解教学难点，激发学生的学习兴趣，显著提升学生的语言水平，提升口语教学质量。

第一节　素质教育背景下英语口语教学中的网络技术应用

一、素质教育背景下英语口语教学新理念

（一）开展个性化大学英语口语教学

《大学英语教学纲要》中指出：由于全国高校在教学资源、教学水平方面存在较大的差异性，各大高校可结合本校的实际英语教学情况，制定个性化的英语教学大纲，从而指导本校的英语教学。为此，在开展英语口语教学的过程中，教师一方面要认真分析社会对英语人才的实际需求，另一方面要深入探究现阶段英语教学的内容、目标、方法等，制定具有个性化的高校英语口语授课模式。

在实际的大学英语口语教学过程中，教师可以制定个性化的英语口语授课目标，满足学生的英语口语学习需要。在实际的口语教学开展过程中，教师可从不同的需求点设置对应的英语口语授课模式。从长期英语口语学习入手，教师可以为这部分学生制定英语学习规划，既要满足这部分学生现阶段的学习需要，又需结合他们未来的工作状况，设置符合这部分学生的英语授课目标。从学生的主观愿望出发，教师可以结合学生的实际英语学习需要，设定对应的英语学习目标。比如，针对有英语学习兴趣的学生，教师可以从思维的角度，培养学生的整体性思维、直接性思维以及形象性思维，也可以

从英语语言结构入手，让学生研究英语单词、句子的结构，总结英语语言规则，促进他们英语综合素养的提升。

（二）借助信息技术的力量，培养学生独立学习的能力

《大学英语教学纲要》中指出：高校英语教师在教学的过程中需要以信息技术为支撑，特别是借助信息技术突破时空局限的特性，开展多样性的英语授课形式，满足学生的英语学习需要，为他们构建基于网络的多媒体授课模式，促进学生独立学习能力的提升。在实际的教学过程中，教师可以参考以下几个方面。

第一，引入具有个性化的网络化口语软件。教师可以立足本校的实际状况，引入不同的英语教学软件，比如有道口语大师、多说英语等，向学生介绍不同软件的应用特点，让他们结合个人的喜好以及学习水平，在运用上述软件过程中获得英语独立学习能力的提升。

第二，加大信息技术投入。高校可以结合本校客观状况，适时加大在资金方面的投入，促进本校在硬件方面的投入，比如网络建设、软件建设等，为提升学生的独立学习能力构建网络设施，实现第一课堂与第二课堂的有效结合，让学生摆脱传统英语授课的束缚，在课下独立学习英语口语知识，增强他们的独立学习能力。

第三，引入多种教学模式。为了培养学生的独立学习能力，教师可以充分运用信息技术，构建多种形式的英语教学模式，为学生提供良好的视觉、听觉交互环境，让他们融入其中，获得语言表达能力的提升。在实际的执行过程中，教师可引入微课教学、微信教学、交互式白板教学等，为学生多样性的英语口语学习提供多样性的选择，实现更为高效的英语口语学习。

（三）习得外来文化，增强学生跨文化交际的能力

外来文化涉及的范围相对较广，一方面包括西方文化的风土人情，另一方面是指学生对于外来文化的理解和运用。为了提高学生的跨文化交际能力，教师需要重视外来文化的教学，让学生在不同的教学情境下掌握外来文化的规则，并理解和适应外来文化的特点，更好地进行多角度的交流，促进学生综合跨文化表达能力的提升。在实际的落实上，教师可借鉴以下几种方式。

首先，加大对风土人情的介绍。教师在实际的教学中可以借助信息技术，以国家为边界介绍以英语为主要语言的各个地域的文化特色，比如各个地区在英语语言文化上的不同，让学生了解同一语种不同文化土壤下英语语

言的不同，拓展学生的文化认知眼界，为培养学生的跨文化交际能力奠定认知基础。

其次，借助信息技术，实现与外国友人的有效互动，提升学生的跨文化交际水平。在外来文化教学中，教师可以利用信息技术和外国友人进行在线沟通，让学生通过这种形式，了解外国友人在交流中与课堂教学中的不同，让他们真正适应不同国家在英语表达中的节奏，促进学生跨文化交际能力的提升。

最后，建立英语网站读物。高校可以建立不同形式的英语文化读物，比如音频读物、视频读物、图片读物以及文字读物等，真正让学生结合个人的阅读习惯灵活选择不同的英语文化电子读物，促进学生跨文化意识的形成。

总而言之，在培养学生跨文化交际能力的过程中，教师可以通过风土人情、即时交流、构建网站的方式，让学生掌握更多的文化知识，促进他们外来文化意识的形成，为增强学生的英语口语表达能力奠定文化认知基础。

二、英语口语教学技术及应用

（一）慕课教学

1. 慕课教学的定义

慕课教学的称谓来源于"MOOC"的语音翻译，其中的"M"是指大规模，第一个"O"是开放，第二个"O"是在线，"C"是课程。慕课是互联网与信息技术相结合的产物，是一种在线课程开发新模式。对中国而言，慕课一方面是对原有英语教学体系的总结，另一方面是以信息技术为载体的多种形式教学网络资源与学习管理系统的整合。慕课最为突出的特点是以学生为中心，摆脱了以教学内容为中心的传统模式，利于生本理念落实，推动高校英语口语教学向前迈进。

2. 慕课教学的特点

（1）慕课教学的开放性。慕课教学的开放性是指：不同群体均可通过网络免费学习英语知识。这种开放性有利于提升受众群体的广度。对此，高校英语教师可运用慕课教学的开放性特征，设置不同层次的英语口语课件，让具有不同英语基础的学生真正立足个人的学习需要，比如纠正语音语调，提升个人的英语表达能力，继而选择相应的慕课，促进他们口语表达能力的提升。

（2）慕课教学的完整性。慕课教学的内容相对完整，包括新知识的学习、习题测试、视频展示、学生讨论以及学习考核等内容，十分符合课堂教学的整个流程，与学生的英语学习习惯相贴合。为此，高校学生在英语口语学习的过程中可以结合个人的英语学习水平，合理选择对应的英语教学内容，制定贴近个人英语学习水平的目标，在实际的英语口语学习过程中，完善英语知识点，促进个人英语口语知识结构的完整。此外，学生还可以通过测试的方式，了解个人在英语口语学习中集中存在的问题，针对性选择相应的慕课内容，解决个人在英语口语学习中面临的主要问题，并在反复的练习中获得综合表达能力的提升。

3.慕课融入英语口语教学的优势

（1）教学优势。对学生而言，教师将慕课教学融入英语口语教学中可以真正让学生摆脱传统口语学习的时空局限，让他们的口语学习更具有自主性，使学生通过网络的形式解决慕课学习中存在的问题，促进他们信息素养的提升，提高学生的英语口语表达水平；对教师而言，教师为了更好地适应慕课教学方式，需要对个人的英语教学进行全方位的调整，既要调整原有的授课形式、观念，又需提升个人的信息素养，更为高效地运用信息技术完成慕课的制作，促进教师综合教学能力的提升。

（2）学习优势。对学生而言，学生在慕课学习中具有自主性，可以提前设置英语口语学习目标，制定英语学习计划，并充分运用各种技术和方式，在解决英语口语学习问题的同时，独立掌握英语口语知识，培养自主学习意识，提升自主学习能力。与此同时，学生在独立学习的过程中可以通过网络的形式，抓住英语口语学习的关键性知识，更为高效地解决对应的英语口语问题，并在此过程中让学生充分运用掌握的英语知识，促进学生口语知识体系的构建，为提高学生的口语表达水平奠定知识基础。

4.慕课在英语口语教学中的应用

（1）利用慕课开展口语仿真对话。在慕课教学过程中，教师可开展仿真对话，模拟相应的对话场景，让学生融入其中，通过设置对应的场景，调动个人的知识储备，表达个人的看法，促进学生口语表达能力的增强。

在实际运用慕课开展口语教学的过程中，教师可从如下角度着手。首先，让学生在对比仿真录音的过程中掌握英语口语表达规律。教师在慕课内容的播放中，设置对应的场景，为学生提供对话所需的语料资源以及语音录入设备。与此同时，教师可以鼓励学生融入相应的场景中，并模仿录音进行发音，将学生的录音录入专用的设备中。之后，教师逐句播放学生的发音和标准的发音，让学生两两对比，找准个人在英语发音中存在的问题。在此之后，教师可辅助学生制定对应的口语学习策略，让学生真正在解决口语发音问题的过程中掌握发音技巧。其次，开展人机对话。在高校口语教学过程中，教师利用慕课开展多种形式的人机互动，比如表情互动、动作互动以及语言互动，让学生通过多种人机互动形式表达个人的观点，与相应的机器进行针对性交流，让学生享受英语口语表达的乐趣。

（2）运用慕课优化口语教学流程。各个部分之间的优化有时大于整体效能。在高校口语教学的过程中，教师可以从优化教学流程入手，翻转教学过程和主体，充分发挥慕课教学的优势，以小组的形式让学生结合教师布置的问题，自主设计慕课，讲述慕课的制作过程，并以学生的慕课学习效果为突破口，落实"先学后教"的教学策略，最终达到提升口语教学高效性的目的。在实施过程中，教师可以借鉴以下的教学步骤。

第一步，设置英语口语学习问题。在口语教学中，教师可以设置口语问题，并划分相应的小组，让学生以小组为单位解决英语口语问题。在解决口语学习问题的过程中，教师引导学生从多个角度搜集资料，比如教材、网络等，使他们突破原有口语学习的局限，创新性解决口语学习中的问题，完成慕课的制作。

第二步，集中讨论英语口语学习问题。教师通过多种沟通方式了解学生在口语慕课制作中的问题，并结合他们的实际水平，灵活采用不同的口语教学模式，真正让整个口语教学有的放矢，使教师在口语教学中做到"胸有成竹"。通过采用慕课教学的方式，教师调整教学主体，运用先学后教的思维，优化整个口语教学流程，提升整个课堂的英语口语教学效率。

（3）使用慕课构建共享性英语口语学习平台。高校教师可以使用慕课构建共享性口语学习平台，设置不同的口语锻炼模块，引入多样化口语锻炼内容，为学生的口语学习提供便捷，促进他们口语表达能力的提升。具体言之，教师可以借鉴以下几种策略。

第一，设置不同的英语口语锻炼模块。教师可以结合英语口语内容的不同，设置对应的模块，比如日常口语交流模块、专业英语交流模块、英语训练模块等，让不同英语学习水平的学生在此平台的学习中"学有所获"。

第二，引入多样性的口语锻炼内容。在此次慕课平台的构建中，笔者引入词汇、语法、语感、语音、表达等多项内容，遵循由浅到深的原则，让学生在逐步夯实英语基础的同时，掌握更为科学的表达方法，提升他们的口语表达能力。

总之，通过构建共享性的口语学习平台，教师让学生获得独立学习的时间和空间，使他们真正在口语学习中掌握必备的知识，提高他们的口语表达水平。

（二）微课教学

1. 微课教学的定义

微课教学是指，教师结合实际的授课内容，尊重教学规律，以信息技术为支撑，制作的碎片化知识视频。微课除了包括课堂教学视频外，还包括与教学相关的其他辅助性教学资源，比如教师点评、学生反馈、练习测试、教学反思、素材课件以及教学设计（实验操作、疑难问题、例题习题、学科知识）等内容。微课具有一定的环境特征，是基于特定组织形成的具有主体性、结构化的学习资源小环境。

2. 微课教学的特点

为了更为简明扼要地展示微课的教学特点，笔者从五个角度论述微课的特点，如图 3-1 所示。

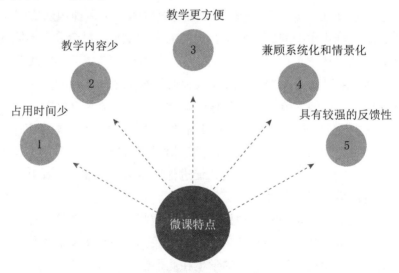

图 3-1　微课教学特点

（1）占用课堂时间少。微课的核心内容是视频。为了激发学生的学习

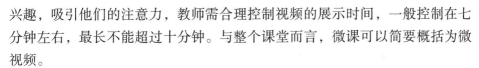

兴趣，吸引他们的注意力，教师需合理控制视频的展示时间，一般控制在七分钟左右，最长不能超过十分钟。与整个课堂而言，微课可以简要概括为微视频。

（2）教学内容较少。微课中的内容较少，主要是针对一些重点性的教学内容或是教学环节，比如学科教学中的重点知识、难点知识、疑点知识等，又如在教学中的某一个环节体现，比如课前、课中、课后等，达到课堂教学目的。

（3）教学的便捷性。微课教学的便捷性主要体现在以下几点。首先，微课视频所占的空间相对较少，大约在几十兆左右，易于储存，而且微课视频的格式多用，包括但不限于 flv、wmv、rm 等格式，易于携带；其次，教师可以将微课运用在制作辅助资源上，也可以在线观摩课例；再次，教师和学生可以将微课储存在多种移动终端上，比如手机、平板、笔记本电脑等，方便日后的学习，有利于促进"泛在学习"的顺利开展；最后，教师可以运用微课进行多种形式的教学分析，比如进行教学研究、反思、评课以及观摩等。

（4）兼顾系统性和情景化。微课教学需要突出教学主题，明确教学方向，具有较强的系统性。它与整个教学流程（教学设计、教学反思、学生反馈、多媒体课件）而言起到统领性作用，是一个内涵丰富、形式多样的单元主题教学资源包，营造出一种微教学资源环境，此种环境具有一定的情景性。师生融入此种情景中，可以实现高阶形式的学习，促进知识的迁移、升华，促进教师教学能力和学生学习能力的双重提升。

（5）具有较强的反馈性。微课的这种特性有利于评课的顺利开展。教师可以以微课的形式制作教学课件，开展较短时间内的教学内容、思维展示，让其他教师适时地提出教学中的困惑和疑问，并给予必要的教学帮助，在一定程度上减轻教师心理压力，充分运用微课教学具有较强反馈性的特点，促进评课的顺利开展。

3. 微课教学优势

（1）对学生的积极意义。微课对学生的积极影响主要体现在以下几点。第一，增强学生学习的自由度。学生可以自主选择学习的环境、内容，合理控制学习的时间，真正获得学习的自主权，逐渐由原有的"要我学"向"我要学"转变。第二，提高教学的普适性。教师可以针对不同学生实际学习水平，灵活设置不同的微课，最大限度地满足不同学生的英语学习需求，实现教学的个性化。第三，构建"第二课堂"。学生可以运用微课在课堂之外学习知识，打造属于个人的第二学习课堂，并根据个人在英语学习中的漏洞，选择对应的内容，促进学生自主学习能力的提升。

（2）对教师的积极意义。微课对于教师教学能力的积极影响有以下几点。

第一，提高课堂教学的精准性。在进行微课制作的过程中，教师有较强的教学目的，具有明确的教学目标，比如攻克教学重难点、促进课堂导入的实现、推动教学内容的拓展等，增强微课教学内容的深度理解，提高微课教学的精准性。

第二，培养教师的整体性思维。在微课制作过程中，教师需要兼顾三方面的内容。第一，学生。在制作微课时，教师需要时刻站在学生的角度思考问题，既要考虑他们现有的知识水平，又需从学生的兴趣切入，真正做到心中有学生，落实以学生为本的理念。第二，教材。教师需要深入吃透教材，合理布置教学内容，选择合适的切入情景，实现教学内容与切入情景的有效连接。第三，技术。教师需要掌握信息技术，综合运用多种办公工具，设计出具有融合性的视频，即实现教学内容、多媒体素材以及课件三者的有效融合。通过在微课制作中兼顾这三方面的内容，教师可以逐渐形成整体性思维。

第三，提高对课堂教学的把控能力。教师通过制作微课可以简洁地表达英语教学内容，增强个人的思维逻辑性。与此同时，教师可以根据课堂的实际教学状况，灵活地控制教学节奏，适时地压缩或是拓展教学内容，合理地把控教学节拍，促进教学把控能力的提升。

第四，拓展教师的教学视野。在制作微课的过程中，教师需要秉持"给学生一碗水，自己必备一桶水"的原则，在理解原有内容的基础上适时地对现有的知识点进行延伸，更好地解答学生的问题，实现教学相长，促进教师教学视野的拓展。

第五，增强教师的自我反思能力。在整个微课设计过程中，教师可以制作思维导图，完善个人在教学中的反思能力，并尝试从研究、实践、反思、再实践、再研究、再反思的角度入手，逐渐在对比中，发现个人在微课制作过程中存在的实际教学问题，比如教学内容理解问题、教学方式运用问题等，进行针对性调整，促进个人教学反思能力的提升。

第六，提升教师信息技术掌握能力。在进行微课制作的过程中，教师需要掌握多种形式的信息技术，比如录屏、截屏等，并结合学生的实际学习需要以及教学目标灵活设置相应的微课形式，不断在打磨教学细节中提升对知识的理解能力，增强个人信息化水平的提升。

（3）对教学的积极意义。对于教学而言，微课教学转变了传统的课堂实录的形式，有利于修正传统课堂冗长复杂的弊端，构建出小而美的课程形式，并在此基础上搭建微课平台，促进微课资源的建设，促进教育的良性和可持续发展。微课对于教学最主要的贡献在于推动微课应用与交流性平台的构建。微课平台可以发挥以下的作用。

首先，构建交流性的教学平台。高校英语教师可以运用微课构建交流性的平台，尤其是集中在微课教学应用中存在的突出问题，以及具体的有效运用微课案例的探讨上，将微课教学的效益发挥到最大化。

其次，实现微课教学资源的共享化。高校英语教师在英语口语教学中，可以将口语微课发布到网上，组成微课口语学习库，让后续的高校英语教师结合实际的课程教学需要，灵活选择对应的微课内容，编写相应的口语微课，为教师的教学提供便捷，实现微课教学资源的共享性。

最后，创设"一站式"的微课服务环境。高校可以为教师提供微课教学方面的帮助，聘请专业的技术人员，加强微课服务平台的建设，并开发出不同的微课平台模块，比如微课应用平台模块、微课研究平台模块等，促进微课网站的集约化管理，加强微课网站的基础设置建设，真正为教师的英语微课件的制作提供"一站式"的微课服务环境。

4. 微课在英语口语教学中的应用

（1）利用微课整合英语口语教学资源。在高校英语口语教学过程中，教师可使用微课进行英语口语教学资源的整合，真正围绕实际的英语口语教学大纲构建具有系统化的英语口语微课模块，让学生在微课学习中感受到英语口语学习的乐趣，让他们完成相应的口语训练，真正锻炼学生的英语口语综合表达能力。在实际的口语模块整合的过程中，教师可以从以下几方面进行英语口语微课资源的整合。

第一，英语口语交际方面的微课资源的整合。教师可以结合不同的情景，整合不同的口语微课资源，比如商务场合的英语口语微课资源、人与人交往过程中的英语口语微课资源等，让学生在不同的场景下掌握相应的语言交际特点，让他们掌握一般性语言交流方式，促进学生口语交际能力的提升。

第二，英语口语表达微课教学资源的整合。口语表达的规范性是学生未来从事口语工作的通行证。教师既要重视口语发音教育，让学生在口语表达的过程中做到语法正确、语调自然、语音准确，又需设置相应的微课资源，使他们在独立练习的过程中掌握基本的口语知识。在实际的落实上，教师可从发音微课资源、语法微课资源以及语调微课资源三个角度入手，并引入对应的视频，让学生在观看视频、对比个人发音的过程中逐渐掌握英语知识，促进学生口语表达能力的提升。

第三，英语文化微课教学资源的整合。语言是为文化交流服务的。教师在整合英语口语微课资源的过程中，需要重视英语文化内容的整合，让学生了解中西方文化之间的差异，更为深入地认识英语国家在文化习俗以及社会生活方面的不同，处理好语言与其他众多文化因素的关系（比如情感、风格、心理、社会等）。在实际的英语文化资源整合过程中，教师可以引入不同文化展示形式，比如文字性、图片式、视频化等，真正满足不同学生的英语学习方式需求，让他们加深对英语国家文化的理解，使学生逐步获得基本的交际能力。

（2）规范化设计英语口语微课视频。通过规范化设计英语微课视频，教师可以真正让微课教学效益发挥到最大化，实现高效英语口语课堂的构建。在实际的英语口语微课视频的构建过程中，有三点注意事项需要教师注意，如图3-2所示。

图3-2 微课设计的注意事项

第一，增强微课设计的灵活性。教师在微课设计过程中需要增强设计的灵活性，既要做到关注整个班级学生英语口语学习状况，又需照顾个别学生的英语口语学习现实，还要贴合实际的生活、工作需要，提升英语口语微课设计的弹性，真正满足不同英语口语基础学生学习的需要。

第二，提高微课设计的精准性。在微课设计的过程中，教师可运用思维导图提供微课设计思路，使得英语口语教育的内容重难点突出，详略得当。与此同时，在实际的设计过程中，教师可以播放对应的视频，让学生在绘声绘色的视频中更为透彻地理解口语语法，实现微课设计的精准性。

第三，提升微课内容的层次性。在英语口语微课内容的设计过程中，教师需要深入剖析内容，并遵循"由易到难"的原则，结合口语教学目标，整理微课内容，注重微内容展示的多样化，让学生在丰富的内容情景呈现中，更为主动地掌握英语口语知识，比如语音、语调方面的特点，促进学生口语表达的规范化。

（3）拓展微课应用渠道，促进英语口语教学质量的提升。在英语口语教学过程中，教师可以从微课应用的形式入手，构建多元性微课使用场景，让学生感受到口语学习的乐趣，推动英语口语教学质量的提升。在实际的落实上，高校英语教师可以尝试从以下几点拓展微课应用渠道。

第一，调整微课应用的环节。高校英语口语教师在教学中可以将微课应用在不同的环节中，比如课前、课中、课后，优化整个英语口语教学的流程，实现英语口语有效教学的目的。

第二，转变微课授课的形式。教师一方面可以使用先学后教的模式，让学生提前进行英语口语知识学习的"演练"，并总结学生在独立学习中的疑惑点、知识盲区，开展针对性的口语教学；另一方面，让学生成为英语微课的制作者，以小组的形式完成英语口语微课件的制作，使他们在课件的制作中转换学习思维，从教师的角度思考问题，拓展学生的口语学习思维，促进口语教学质量的提升。

第三，开展远程微课教学。教师可以借助信息技术开展远程的英语口语教学，即引入东部发达地区的英语口语微课，让学生在线观看，并结合他们存在的问题进行针对性解答。此外，教师可以依托慕课系统上传微课视频，让学生在课下进行口语训练，提升他们的综合口语表达能力。

（4）开展多样性的英语口语微课评价方式。教学评价既是对口语教学的总结，又可以发现学生在口语学习中的问题，实现更为精准的英语口语授课。在实际的评价过程中，教师可开展多种形式的微课评价。具体言之，教师可借鉴以下几种方式。

方式一，评价内容。教师设置的英语口语评价内容包括学生的语音、语貌、语速、语调。通过设置英语口语评价，教师可让英语口语评价更具有方向性，也让学生的口语学习更具有标准性，促进他们口语表达潜能的激发。

方式二，评价方式。教师可以从绝对性评价、相对性评价以及个体内差异评价三个角度入手。在绝对性评价中，教师需要设定绝对性的评价标准，只从口语表达的合格和非合格两个角度进行评价。在进行相对评价的过程中，教师要立足本班学生的口语表达状况，对本班学生的综合口语表达成绩进行排名，激发他们在口语表达学习中的竞争意识。在个体内差异评价过程中，教师可以以个体学生的实际英语口语状况为标准，比如英语口语基础等，在肯定学生的同时，适时地提出切合他们实际的英语口语学习策略，促进学生综合表达能力的提升。

方式三，评价主体。在高校英语口语评价过程中，教师可从评价主体入手，选择多样性的评价主体，比如学生、教师、专家等，让学生获得不同主体的评价，拓展他们口语学习的思维，使他们的口语学习更具有方向性。

第二节　英语口语教学中的网络技术应用

一、智慧课堂

（一）智慧课堂的内容

1.智慧课堂的定义

智慧课堂是指以现代信息技术（无线通信技术、云计算技术、互联网技术）为支撑，以智慧理论（智慧学习方法、智慧管理、智慧教学）为基础的新型的教育体系。

2.智慧课堂的基本内容

（1）智慧课堂的学习环境。智慧课堂的学习环境包括硬件环境和软件环境。硬件环境包括智慧备课教室、智慧语音教室等智慧型功能教室。软件环境包括各种学习工具和资源，如管理信息库、开放课程库以及学习资源库。

智慧课堂的学习环境具有如下几个特征。特征一，感知性。学习者在智慧课堂中可以直接感受学习情景、所处的社会场景以及存在的社会关系。特征二，即时接入性。学习者可以借助多种技术，比如物联网技术、移动技术、泛在技术等，随时随地获取知识信息，进行针对性的知识学习。特征三，个体差异性。学习者可以根据个人的实际情况，比如学习要求、偏好和能力等要素，选择相应的学习内容，接受相应的学习建议和服务。特征四，智能性分析。学习者可以运用大数据或是云计算等技术进行个人学习的分析，以过程性评价和总结性评价为依据进行相应学习思维的调整和优化，逐步摸索出各科学习的规律。特征五，资源的丰富性。资源的丰富性首先体现在内容的丰富性上，其次突出展现在学习工具选择的多样性方面，比如可以选择远程会议、协作会话等。特征六，自然的交互性。自然的交互性主要体现在以下两点：第一，提供多种形式的智慧学习活动，最大限度地满足学习者的思维方式，降低他们的思考负荷，得出属于学习者独有的结论，为后续的交互性提供基本的交流基础。第二，构建协作性交流平台。学习者可以在智慧课堂上进行协作性交流，比如分享好的学习方法、提出学习过程中遇到的疑问等，通过交流的方式促进个体思维深度和广度的延展。

（2）智慧教学法。智慧教学法的作用是推动原有教学的一系列变革，比如教学方式、教学过程、学习思维和模式等，真正达到促进师生教学相长的目的。智慧教学法主要由智慧教学、智慧学习以及智慧评价三部分内容构成。

①智慧教学。智慧教学是指以各种技术为支撑开展的一系列智慧化的教学活动。智慧化教学的目的是一方面可以对原有的教学进行改善，提升课堂教学的交互性、多元性和开放性，另一方面可以促进教师专业能力的提升，使他们掌握更为先进的教学手段，适应未来的教育发展趋势。为了实现智慧教学，学校可以开展多种形式的培训，让任课教师掌握更为多样的信息技术授课形式，比如翻转课堂教学、混合教学等，促进智慧课堂的成功构建。

②智慧学习。智慧学习是以学习者为中心的学习活动，有利于挖掘学习者在学习过程中存在的隐性信息，为后续准确进行学习评估、预测，提供强有力的数据支撑。智慧学习具有沉浸性、个性化以及高效性的特点。在进行智慧学习的过程中，学习者可以结合个人的兴趣以及学习需求，合理选择学习资源和服务，提升学生的知识认知、运用、反省和创造能力。常见的智慧学习方法包括但不限于网众互动生成性学习、个人兴趣拓展学习、项目驱动学习、问题驱动学习等。

③智慧评价。智慧评价以先进技术为依托，比如云计算、大数据，以定期化、持续性采集数据为支撑，深入挖掘搜集的各种数据，得出科学、准确和全面的结论。对于教学而言，智慧化采集的数据即教师教学和学习的各种数据，并以此为支撑设计相应的教学数据模型，在对教师和学生进行评价的基础上，提出针对性教学建议。

（二）智慧课堂在英语口语教学中的意义

1. 增强学生学习的自主性，提升英语口语学习的吸引力

智慧课堂的出现是素质教育背景下教学方式的深刻变革的体现，有利于转变教师和学生在学习中的关系，让学生更为主动地学习各种英语口语知

识。与此同时，在智慧课堂的构建过程中，教师可以引入多种现代科技，比如自媒体（抖音、快手），最大限度地吸引学生的注意力，让他们主动融入英语口语学习的过程中，开展沉浸式的英语口语知识学习、英语口语练习，使学生逐步提升英语口语表达水平。

2. 促进和谐师生、生生关系的构建

通过引入智慧课堂，教师可以丰富与学生的沟通方式，从更为多元的角度入手，比如微信、QQ，避免面对面交流的尴尬，促进双方交流的积极性，更为有效地发现学生在英语口语学习方面的问题，制定对应的策略，真正通过线上沟通的方式促进师生和谐关系的构建。与此同时，教师在运用智慧课堂的过程中可以为学生提供生生互动平台，让学生可以通过智慧课堂相互帮助，相互交流，取长补短，促进生生良好关系的构建。

3. 促进高校英语教师综合教学能力的提升

智慧课堂提升英语教师综合教学能力主要体现在如下几方面。

第一，增强教师教学形式的直观性。通过引入智慧课堂，教师借助信息技术，将烦琐的英语知识以文字、图片等方式进行展示，让学生融入对应的英语口语学习对话中，通过不断练习，掌握口语学习知识点。

第二，提高教师口语教学的便捷性。教师通过运用智慧课堂可以制作多种形式的"PPT"，并结合具体的教学需要，灵活进行内容的拆分和重新组合，建立属于英语教师独有的口语知识体系，为后续口语教学的开展和复习奠定良好的知识基础。与此同时，教师可以运用智慧课堂的各种工具，比如多颜色写字笔、写字板等，开展多种形式的智慧课堂授课，最大限度地提升口语教学的便捷性。

第三，有利于教师及时监督和指导。高校英语教师借助智慧课堂的力量，对本班学生的课堂表现进行数据化的记录，了解每一位学生的实际学习水平以及存在的问题，在全面监督的同时，为学生制定相应的英语口语学习计划，实现更为精准的口语教学指导。

（三）智慧化课堂在英语教学中的应用策略

1. 实现语境教学，培养学生英语口语表达能力

在智慧课堂的构建过程中，教师可以以技术为载体，以学生的兴趣为

导向，设置不同的英语对话语境，组织多种形式的英语口语授课形式，真正调动学生的口语学习热情，让他们获得口语表达能力的提升。在实际的落实上，教师可以结合不同专业的特点，设置不同的对话语境，让学生积极地融入其中，通过不断练习，让个人的口语表达标准化。在教学组织形式上，教师可以采用小组合作的形式，让小组中的学生自觉挑选想要扮演的角色，即扮演智慧课堂中的角色，让学生在有效的互动中感受智慧课堂的趣味性、沉浸性和互动性，提升他们的口语表达水平。

2. 构建课下网络平台，为增强英语口语教学效果赋能

教师在构建智慧课堂的过程中，需要转变传统的授课模式，充分运用互联网的特性，即时效性、实时性等特征，构建课下网络平台，为增强口语教学效果赋能。在实际的课下网络平台构建过程中，教师可以从如下几点切入：

第一，构建实时交流互动群。教师可以将常见的社交软件融入智慧课堂的构建中，构建生生、师生交互性平台，让学生提出在口语学习中的问题，或是分享口语学习中的好方法，即通过互动的方式，促进学生口语表达水平的提升。与此同时，教师可以将学生的英语学习状况作为教学的反思点，从教学理念、思维以及方式等多个角度进行分析，真正构建最为接近学生认知的英语口语授课形式，实现教学相长。

第二，优化课堂教学结构。教师可以使用课下网络平台发送第二节课的课件，让学生提前学习英语口语知识，完成相应的英语口语作业。与此同时，教师可以利用大数据和云计算等技术，统计学生在口语学习中的问题，比如发音问题、语法运用问题等，制定最为接近学生英语口语水平的课堂授课形式，优化课堂教学顺序，提升口语教学的精准性。

3. 有效运用英语口语小程序，增强学生英语口语学习的自主性

在高校智慧课堂的构建过程中，教师为了增强学生英语口语学习的自主性，可以充分运用口语教学软件，结合不同的口语锻炼方向，推荐不同的口语锻炼软件。比如，为了提高学生的口语表达能力，教师可向学生推送"开心词场"等小程序。为了拓展学生的英语口语学习视野，教师可以向学生推送资讯类的口语软件，比如"宇宙英语"微信小程序等。为了夯实学生的口语词汇基础，教师可以向学生推送"朗文词典"等口语学习小程序。为了检验学生的口语学习效果，教师可以进行阶段性的口语测评，并使用智慧课堂

分析大部分学生在口语表达中存在的突出问题，进行针对性指导，为他们提供具有实效性的口语锻炼策略，让他们在不断的实践中掌握口语表达技巧，提升他们的口语学习自主性。

4. 充分运用智慧课堂，优化英语口语教学流程

在智慧课堂的构建过程中，教师可以充分运用各种教学工具，既为实现有效的英语口语教学创设条件，又能优化原有的英语授课流程，提升高校英语口语教学质量。在具体的教学过程中，教师可以从如下几点落实：

第一，在课前。为了让学生了解英语口语对话中的时代背景，教师可采用多媒体技术、英语学习网站等形式，向学生介绍口语对话所在的国家，以及风土人情，让学生形成基本的文化认知，为后续的口语教学奠定文化认知基础。

第二，在课中。为了调动学生的口语学习热情，教师可使用多媒体模拟相应的对话场景，增强口语教学的沉浸感。与此同时，为了提升英语口语课堂的有效互动，教师可以引入互动反馈机制，比如电子交互式白板，实现师生之间的实时互动，并运用大数据统计学生在发音中存在的失误，制定相对标准的对话，让学生在对比的过程中学会更为科学、规范的英语口语表达。

第三，在课后。为了夯实学生课堂学习成果，教师可以使用智慧教室组织多种多样的课后练习活动，比如电影配音、英语歌曲演唱等，让学生真正摆脱原有口语练习的枯燥性，使他们充分调动个人感官，接受更为多元的信息，融入对应的情景中，提升学生口语表达的积极性。

二、远程教育

（一）远程教育的定义

远程教育又被称为网络教育，是以传播媒体为主要力量，进行跨时空的信息传送的教学形式。学生通过远程教育可以实现不同渠道的学习，比如课研社、辅导专线、互联网等。远程教育传播的主要内容包括视频、音频等内容。远程教育依托的技术为通信技术、多媒体技术以及计算机技术。通过远程教育可以实现教学方式的多样性，降低教育成本。

（二）远程教育的意义

远程教育主要有三种意义，如图 3-3 所示。

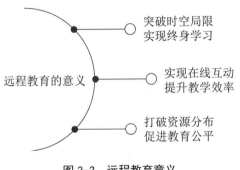

图 3-3　远程教育意义

1. 突破时空局限，实现终身学习

远程教育借助于计算机信息技术，突破原有的授课形式，突破时空局限，实现全时段、全范围的有效学习。学生可以利用远程教育资源，结合个人的实际学习水平以及设定相应的学习计划，实现同步以及异步学习，真正凸显学习的自主性，促进学生终身学习意识的形成。与此同时，在面对学习问题时，学生可以适时地在远程教育平台中提出问题，获得在线教师的指导，更为精准地进行在线学习。

2. 实现在线交互学习，提升教学效率

在远程教育的学习过程中，学生可以在线完成知识的学习，并通过多种形式与在线教师进行沟通，比如电子邮件、QQ 等，从而得到精准的指导，促进学习效率的提升。与此同时，学生可以通过远程教育平台，实现与其他学习者的有效互动，在分享学习经验，解决学习问题的过程中，拓展学习视野和思维，促进学习效率的提升。

3. 打破教育资源分布的非均衡性，实现教育公平

由于我国幅员辽阔，各个区域之间的教学水平存在明显的差异。通过远程教育的开展，不同地区的学生和教师可以共享优质教育资源，这在一定程度上可以打破各个地区之间学习资源分布的不均衡性，促进整个教学步伐协同向前发展。

（三）远程教育应用在英语口语教学中的优势

1.促进本校教与学能力的双重提升

本部分中的教是教师的教学能力，学是学生的学习水平。对教师而言，教师通过远程教育可以跳出原有教学的思维定式，了解不同地区，尤其是发达地区在英语口语教学方面的不同，在学习这些地区英语口语课件的制作方式的同时，也可以与这些地区的教师进行多角度的交流，拓宽本校任课教师的英语教学视野，促进教师口语教学水平的提升，推动整个英语师资队伍的建设。对学生而言，学生通过远程教育可以了解其他教师讲解知识点的方式，拓展个人的口语学习方式，了解同一口语知识点在不同场景中的运用形式，增强学生综合口语知识运用能力和理解能力。

2.提高学生的独立学习能力

在远程教育的过程中，学生往往与任课教师以及其他学生分离，这也导致部分学生在初步学习的过程中具有较强的自制能力。为此，学生为了获得良好的口语学习效果，需要做到如下几点：

第一，保持较强的学习动机。在远程英语口语的学习过程中，学生需要具有较强的学习动机，具备明确的英语口语学习目标，并将目标划分成一个个行动计划，严格按照所列计划执行对应的行动，并在一步步实现计划的过程中达到英语口语学习目标。

第二，具备坚韧不拔的意志。在独立进行英语口语学习的过程中，部分大学生总会面临多种多样的问题，有些学生往往因为基础差，或是没有得到有效的帮助，产生退却的心理。对此，学生需要具备坚韧不拔的意志，尽己所能，从不同的角度探究问题的解决方法，从互联网的角度搜集问题的答案，关注英语口语微信公众号解决相应的口语问题，在自主探究解决问题的方式中，具备较强的独立学习意识。

第三，具有较强的互联网意识。在远程教育的学习过程中，学生并不可能受到教师的时时关注，提供精准性的指导，这要求学生在学习的过程中需要具有较强的互联网意识，懂得运用互联网思维解决在口语学习中存在的问题。为此，学生可以参与各种与互联网相关的论坛，了解多种多样的互联网思维，从不同角度解决个人在英语口语学习中面临的问题。

第四，具备良好的心理调节能力。在远程教育的学习过程中，学生是独立进行学习的，在学习中遇到困难时往往会产生逃避心理。针对这种状况，学生需要具备较强的心理调节能力，或是掌握心理调节的方式，比如加入英语口语微信群、QQ 群等，与这些英语口语水平较高的人进行交流，尤其是进行口语学习心路历程的交流，真正认识到口语学习能力的提升并不是一蹴而就的，需要脚踏实地，真正静下心来，寻找问题解决的突破口，通过实实在在的行动解决英语口语学习中的问题，促进个人心理调节能力的提升。

3. 构建新型的英语口语授课形式

通过远程教育的设置，高校可以开辟出一条新型的英语口语授课形式，最大限度地利用本校的英语教学资源，为在校学生以及渴望报考本校但是不具备进入本校能力的学生提供相应的校外学习条件。在实际的执行中，高校在构建远程教育的过程中，借助计算机网络学习平台，构建相应的管理体系，注重从学生的报名、缴费、选课、教学、作业安排、考试等多个角度入手构建新型的口语授课形式，使本校的英语口语教学资源实现社会效益的最大化。

（四）远程教育在英语口语教学中的应用

1. 利用远程教育，开展语音教学，提高学生发音的准确性

在高校英语口语教学过程中，学校可以结合本校的师资条件，设计多媒体教室，并为学生提供逼真的口语锻炼环境，让他们融入其中，学习地道的英语发音，提高学生发音的准确性。在实际的落实上，教师可从如下几点入手：

第一，教师可以结合英语授课内容，在网络上搜索对应的远程教育口语课件，并将这些课件应用在课堂上。更为重要的是，教师可以使用多媒体营造对话所需要的场景，让学生结合这些场景了解对话的文化背景以及产生条件，让他们更为全面地了解口语知识。第二，开展口语练习。在学生掌握基本的口语知识点以及文化常识后，教师可以让学生跟读情景中主人公的对话，并模仿对话中的语音语调，让学生的发音更具有准确性。第三，组织课堂测试。教师可以引入专业性的口语测试软件，检测学生的口语表达状况，并给予相应的评价，让他们真正在一次次练习和纠正中逐渐学会更为规范的英语口语表达，提升他们的口语表达水平。

2. 利用远程教育资源，设置对话场景，增强学生语言运用能力

众所周知，远程教育资源具有较强的视频清晰度，可以给人以身临其境的感觉，有利于学生沉浸其中，充分调动他们的各种感官，最大限度地抓取各种有用信息，构建与个人掌握的英语口语知识之间的连接，实现英语口语知识的有效迁移，提升学生的语言运用能力。在实际的授课过程中，教师可从如下角度切入：

首先，展示英语实践场景。教师可以充分运用远程教育资源，即播放远程教育资源中的视频，让学生在观看视频的过程中产生口语表达的想法。其次，引入部分趣味性故事。教师可以在远程资源中选择开放性的故事，并引入相应的场景，让学生在聆听故事的过程中全面地锻炼他们的听力，并为后续的故事编写提供认识前提。最后，鼓励学生编写故事。在学生编写故事的过程中，教师可以适时地融入，并引导学生根据故事中主人公的性格联想可能出现的故事情景以及相应的对话。更为重要的是，教师可以让学生使用互联网搜集后续故事需要的场景，并进行针对性的角色扮演，实现提升学生语言运用能力的目的。

3. 构建完善的远程教育模式，为学生的英语口语学习开辟"新空间"

在完善远程教育模式，为学生英语口语学习开辟"新空间"的过程中，高校可以从硬件环境、教师资质、监督体系以及英语口语备课四个角度入手。在硬件环境上，高校需要让学生配备相应的硬件设施，比如能够运用电脑、麦克风、耳机，实现与网上任课教师的在线互动，并通过视频、音频等途径，融入相应的语言环境中。在此环境下，教师可以根据与学生的口语对话，了解他们的口语表达水平，并提供即时、精准的帮助，真正实现"面对面"的英语口语学习。在教师资质方面，学校在开展远程英语口语教学的过程中需要严格筛选英语教师，挑选拥有英语六级证书、具有五年教学经验并且通过国家高级口译考试的教师。在监督体系的构建上，学校可以让参与远程学习的学生对教师的教学进行评价，并将评价的结果向外公开，真正让远程教育教师更为重视英语口语教学工作。在备课方面，教师需要提前将英语口语教学内容传播到网上，让学生提前了解学习内容，结合个人的实际学习水平，灵活地挑选英语课程，让教师的远程教育锁定精准的学生。

第四章 英语口语教学网络技术应用的支撑条件分析

本章主要从 5G 网络、数据技术以及云技术、虚拟现实技术四个角度进行论述，讲授技术在推动教育、教学发展等多个方面的作用，为英语口语教学的顺利开展提供强有力的数据支撑。

第一节　网络普及程度与质量水平的全面保障

受"数字中国"背景的影响，我国高校开始将 5G 技术与教育教学进行深度结合，并深入落实《5G 应用"扬帆"行动计划（2021—2023 年）》政策，旨在实现 5G 教育信息化，真正让"5G+ 智慧教育"为现阶段的教育教学提供强有力的技术支撑。本节主要从"5G+ 教学专网""5G+ 身份认证""5G+ 互动教学""5G+ 教学评价"四个角度推进此项技术，为英语口语教学发展提供全面化保障，如图 4-1 所示。

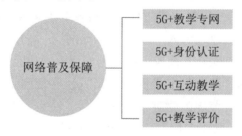

图 4-1　网络普及保障

一、5G+ 教学专网

（一）"5G+ 教学专网"的必要性

随着互联网技术的进一步普及，我国高校开始逐渐应用 5G 技术，并搭建具有本校特色的"5G+ 教学专网"，打造具有开放性的网络授课模式，实现英语口语教学模式的新的技术和模式革命，推动高校智慧校园的建设。使用"5G+教学专网"的必要性主要体现在促进智慧校园的建设上。

1. 促进智慧校园构建的形式要求

智慧校园既需要一种人工智能网络架构形式，包括多种现代性信息技术，比如大数据、云计算，又需要具备主导智能化介入系统，实现可调节、可控制的目的。"5G+教学专网"技术刚好可以满足智慧校园建设的上述要求。

2. 满足智慧校园构建的技术要求

智慧校园需要更多的边缘计算技术和云计算技术。"5G+教学专网"可以与边缘计算技术和网络切片技术进行有效融合，及时对网络安全隐患进行预警，解决基础性的网络问题。5G网络之所以可以与边缘计算技术进行融合，是因为5G技术具有广连接、低延时、高效率的功能。

（二）"5G+教学专网"建设要求

1. 灵活性和经济性

传统网络构建形式较为复杂，存在"多一种功能，多一种网络部署形式"的状况，这种网络构建形式不仅增加了后期的维修难度，而且提升了经济成本。比如，在传统网络构建过程中，高校为了实现不同的功能，往往使用对应的物理设备。通过引入"5G+教学专网"，高校可以实现一次减网、终身免新的物理连接形式。高校可以根据构建不同功能性硬件设施与"5G+教学专网"的接耦，即通过定义网络的形式，实现网络连接形式的重新构建，避免后期进行大范围的物理性质的连接，减少不必要的经济损失。总之，通过引入"5G+教学专网"，高校可以通过一次性布置网络实现后期的多种形式连接的目的，真正增强后期操作的灵活性，降低必要的经济成本。

2. 安全性和稳定性

在网络技术运用的过程中，网络的安全性和稳定性是互联网得以运行的前提条件。为了保障网络的稳定性和安全性，往往需要进行如下的网络操作。第一，用户身份的确认。技术人员可以运用"5G+教学专网"，完成用户身份的识别，并在此基础上实现用户网络权限。第二，技术人员需要灵活运用"5G+教学专网"实现不同场景的布置。具体言之，由于"5G+教学专网"面对的主体客户为教师和学生，因此，技术人员可以尝试运用"5G+教学专网"进行如下的操作：在学生方面，技术人员可以对学生进行层次化的划分，比如以学生的学习需求、年级班级以及基础信息为依据，设定相应访问权限，为他们提供针对性网络服务，满足不同学生的英语口语学习要求；在教师方面，技术人员可以设置较为灵活的权限需求，比如以保障需求、业务需求以及教学需求为依据，为教师设定较为开放的网络教学环境；在稳定性方面，技术人员可运用"5G+教学专网"，构建边云融合模式，对与教学相关的各种数据进行全方位的保护，并制定数据备用包，保障校园教学数据的安全。

3. 智能性和自主性

"5G+教学专网"的突出性特征是智能性和自主性。为了在构建智慧校园的过程中体现智能性的特点，技术人员可以将"5G+教学专网"运用在智慧校园建设中，将各个孤立的移动终端进行有效连接，建立数据联系网，时时搜集各个智能终端的使用信息和反馈信息，实现更为精细化的智能管理。在实际的数据搜集过程中，技术人员可以运用大数据分析移动终端存在的问题以及需求，为各个移动终端提供自主性的数据服务，真正将原有的"人找信息"向"信息找人"的方向转变，最终达到万物互联，打造智能性、自主性的智慧校园。

（三）基于"5G+教学专网"技术的建设应用

在进行"5G+教学专网"技术建设过程中，技术人员可以从三个层次入手，即终端层、网络层以及服务层，实现智慧化专网建设效益的最大化，为英语口语教学的顺利开展提供必要的网络技术支撑。

1. 终端层

通过构建"5G+教学专网"终端层，在采集、分析终端层数据后，可以向终端层的运用者提供针对性的服务，运用者可以是学生，也可以是教师。"5G+教学专网"的实施是为了满足智慧感知、分析和管理等功能，并以向教育者终端设备传输精准性信息为标准。本段中的终端设备主要是指具有通信功能的设备，比如笔记本电脑、手机、平板等。具体实施过程是，"5G+教学专网"终端层通过采集移动终端的搜索数据，分析并预见教师或学生想要的英语口语资源，并通过 5G 技术在学校的网站中搜集对应的数据，实现向教师或学生的数据传输，最大限度地满足教师、学生的英语口语数据需要。

2. 网络层

"5G+ 教学专网"中的网络层包括三项内容，分别为核心网络部署、无线网络部署、边缘节点部署等部分。核心网络部署的功能是分析和处理网络中搜集的信息，并利用控制面板将搜集的信息分配到对应的数据分析中心，实现数据的对应性控制。无线网络部署的功能是，服务于无线接入过程，实现容量与覆盖之间的有效分离，实现无线信息的有效分流。边缘节点部署的功能是为了减少数据在传输过程中出现的延迟，提升数据的有效传输速度。

3. 服务层

服务层的目的是进行各个移动终端数据的采集和分析，并通过网络层实现对应数据信息的传递。服务层主要是由以下几部分构成：网络日志数据、云计算系统、教育活动大数据系统、教育应用集成系统、个性化教育大数据系统、网络安全及运维系统、基础教育数据、AI 大数据界面平台。

二、5G+ 身份认证

（一）"5G+ 身份认证"的意义

由于校园用户人员的复杂性，高校需要设定更为精细化的认证模式，在保证校园网络以及数据安全的同时，精准定位访问用户，为访问用户提供精准性的服务，提升网络技术的协同管理能力、数据分析能力以及综合连接能力。

（二）5G+ 身份认证的途径

1. 实现全员全生涯的身份治理

高校技术人员通过记录、上传每位学生的身份数据，比如入学数据、毕业数据，将这些数据与本校网络应用年限进行连接，让学生在学校期间可以有效运用本校数据，比如登录本校网络，搜集相应的英语口语学习数据，并在学生毕业后设置登录权限，保障本校的数据安全。

2. 全链路网络实名审计

高校技术人员可以制定全链路网络实名审计机制，即从学生的衣食住行入手，设定相应的登录系统，让学生将个人的信息，比如手机号、银行卡号与各个链路之间建立连接。假如学生想要登录英语口语网络学习的界面，需要输入对应的手机号以及手机验证码，并根据学生输入的数据提供精准化的英语口语学习数据。

3. 构建生涯访问控制体系

高校技术人员以 5G 技术为支撑，构建学生数据的存储和识别的控制体系。当学生登录学校网站时，需要提供对应的数据，并通过生涯访问控制体系得到相应窗口的允许或是拒绝。值得注意的是，生涯访问控制体系的有效时间以学生在校学习时间为准。

三、5G+ 互动教学

（一）"5G+ 互动教学" 实现的技术条件

1. 构建完善的 5G 教学环境

完善的 5G 教学环境可以为生生、师生之间的有效互动创造客观条件，高效实现英语口语教学目标的达成。在实际的构建完善的 5G 教学环境的过程中，教师可以从如下几点入手：

第一，搭建新媒体平台。首先，教师可以把学生的手机号码以及验证码当作学生的新媒体平台登录验证方式。其次，发送英语口语学习资料。教师可以在新媒体平台上适时地推送英语口语学习资料以及相应的口语测试作业。再次，组织交流。教师可组织学生在此平台进行交流，尤其是交流口语学习中存在的问题。与此同时，教师将学生的问题制作成新的口语教学素材，并给予学生相应的提示，让他们以小组或是独立探究的方式解决口语学习中的问题。最后，教师可以利用 5G 技术对学生的学习状况进行评价，并让完成作业良好的学生分享心得。

第二，搭建社交平台群聊模式。教师可以通过搭建社交平台群聊模式，为学生提供英语口语学习畅所欲言的空间，让学生之间、师生之间进行有效互动，促进全体学生口语表达能力的提升。

2. 搭建课堂即时应答与推送系统

高校英语教师在利用 5G 技术的过程中可以构建即时应答和推送系统。

在即时应答系统的构建中，教师可以设置应答提示界面，即将学生推送的信息进行标注，设置最长的应答期限，比如三分钟必须回答学生提出的问题。与此同时，在三分钟之前，教师可以利用大数据对学生提供的问题进行整理，并针对同一性质的问题进行群发性应答，对于特殊问题进行个别性应答。在信息推送的过程中，教师需要考虑学生的实际学习状况，进行分层化的英语口语知识信息推送，让不同学生回答符合个人学习水平的口语问题。

3. 构建层次性的英语口语教学资源模型

教师可以构建具有层次性的英语口语教学资源模型，利于师生之间进行针对性的互动，也可以实现互动教学的精准指导，增强口语教学的实效性。在具体的层次性英语口语教学资源模型的构建中，教师可从如下三个层次入手。

层次一，基础素材英语口语学习层。此学习层的内容相对基础，各个内容之间具有一定的逻辑联系性，存在难度层层递进的特性，有利于促进学生英语知识体系的逐步构建。

层次二，互动素材英语口语学习层。此学习层的素材是学生之间、师生之间在互动过程中产生的，针对的是当堂课中学生集中出现的口语学习问题，具有较强的生成性。

层次三，可循环素材英语口语学习层。此学习层的素材具有较强的价值性，多为学生在口语学习中的重难点知识。为了实现口语教学的有效性，教师需格外重视此层次的英语口语知识。

（二）"5G+互动教学"实现的设计要点

通过进行合理的互动教学设计，教师可以将枯燥的口语知识转化成趣味横生的口语知识，使学生真正融入口语知识的学习中，并给予他们相应的指导，构建出"课前预习＋课中讨论＋课后巩固"的互动教学模式，实现高校英语口语教学效益的最大化。

1. 课前英语口语互动教学设计

在进行课前英语口语设计的过程中，教师可以注意如下几点：首先，设置口语互动内容。在口语互动内容的设计过程中，教师可以引入综合性的口语教学问题，最大限度地让更多的学生融入口语知识的学习中。其次，使用新媒体平台。教师可以通过新媒体平台向学生推送口语互动内容，并让学生先掌握基础的口语知识，再进行口语知识的练习，后开展口语检测。最后，设置交流平台。教师可以以新媒体为交流平台，让学生通过与教师以及与同学互动的方式解决口语学习中的问题，搜集共性口语问题的答案。

2. 课中英语口语互动教学设计

课中互动探讨是解决学生英语口语问题的关键，为此，教师在课中英语口语互动教学设计的过程中需要对重点设计问题、互动的过程以及合理性进行反思，真正实现互动教学效益的最大化。在实际的课中互动设计中，教师需要注意以下问题。

问题一，明确教师在互动过程中的角色职责。教师是互动课程设计的建设者和生产者，需要从学生的角度设计口语教学问题，并最大限度地挖掘学生在口语学习中存在的问题，以便高效地解决口语教学中的问题。

问题二，设置具有综合性的互动口语问题。教师在设置口语问题的过程中除了要关注学生的实际能力外，还需要重视问题设计的价值性、关联性以及循序渐进性，真正将有价值的口语问题融入课堂中，有效运用口语课堂的每一分钟。

问题三，合理界定问题的讨论价值。在口语互动教学的过程中，教师需要意识到并不是每一个问题都是值得讨论的。为此，高校英语口语教师需要在了解学生实际口语学习状况的前提下，了解每位学生的答题状况，运用大数据分析学生突出性的口语问题并进行针对性的讨论。通过集中讨论突出问题，教师可以让学生在相互交流中发现个人未曾考虑到的知识漏洞，更为深入地思考这些问题，真正发挥问题讨论的实际价值。

问题四，综合运用多种互动方式。在与学生互动的过程中，教师可充分借助5G技术与学生进行多种形式的互动，比如引入启发式互动方式、引入式互动方式以及学习论证式互动方式等，引导学生从多个角度思考口语表达中存在的内在逻辑，让他们更为精准地记忆英语口语知识点，提升他们的口语表达水平。

3. 课后英语口语互动教学设计

通过进行有效的课后英语口语互动教学设计，教师一方面可以夯实学生的口语知识，另一方面还能对学生现有口语知识进行延展，实现升华口语知识点的目的，实现知识的查漏补缺、升级优化。在实际的执行过程中，教师可以从如下几点切入：

第一，选择合理的互动内容。在课后互动的过程中，教师可以选择中等学生学习水平的口语学习成果作为探究条件。选择中等学生的学习成果的原因：调动整个班级学生口语学习的积极性，让后进生可以"踮踮脚"掌握大部分口语知识，为中等生的口语学习能力的提升创造充分条件，为优等生在帮助其他学生口语学习中发现、解决知识漏洞奠定基础。

第二，深入分析互动知识。在生生、师生互动的过程中，教师可以让学生跳出个人固有的口语思维方式，从他人的立场入手学习新知识，实现口语知识学习的进阶，并使他们在教师的指导下完成口语知识的重构，建立属于学生的口语知识体系。

（三）"5G+互动教学"的具体应用

为了让学生更为积极地投入到口语学习中，使他们掌握更多的口语学习方法，提升其口语学习的深度，教师可以运用5G技术，即运用新媒体平台，在课前向学生推送实际要讲的口语知识，并将学生划分成小组，让他们在相互讨论的过程中集体解决口语知识。在正式开课前，教师可以让各个小组运用信息推送系统，提交各个小组在口语学习中的成果。在开课后，教师可以设置相应的奖惩制度、评分制度，并使用5G技术展示各个小组的分数，提出他们在口语作业存在的问题。与此同时，教师可以让学生运用即时应答系统，向教师推送经过纠正的口语作业。值得注意的是，教师将各个小组在互动过程中的作业通过多媒体的方式进行展示，让各个小组对展示的口语作业进行打分和评价，并根据学生的表达，总结学生的共性口语问题，将其纳入可循环口语素材层，并进行针对性讲解，真正将口语教学的方向集中在一个点上，提高口语教学的精准性。

四、5G+教学评价

（一）搭建5G课堂评价平台

在搭建5G课堂评价平台的过程中，教师可以运用5G技术从课前、课中以及课后三个角度对学生学习状况进行评价和指导，促进英语口语教学能力的提升。

在课前阶段，教师可以运用电子设备与5G网络连接的特点，搜集、整理学生的课前学习痕迹，了解学生在课前口语学习中的内容、各个口语知识花费的时间以及提出呈现的问题，进行针对性的课堂评价，让学生掌握相对科学的课前预习方法。比如，通过搜集部分学生的课前学习痕迹，教师发现有些学生常常喜欢将学习的重点放在攻克知识难点上，导致后期的口语学习时间不充足。对此，教师引导学生采用先易后难的思维，先学习简单的内容，后学习难的知识点，实现最有效的课前预习。

在课中评价的过程中，教师可以使用 5G 技术记录学生的学习全过程，以大数据、AI 技术对学生进行全方位的评价，制定课中学习评价拓扑图，为学生提供针对性的教学指导，真正转变原有的"唯结果论"思维，从学生的学习过程入手，比如学生的口语学习的专注性、知识的掌握程度、学生在口语学习中的薄弱点等，让学生更为全面地了解个人的口语学习水平以及存在的问题，并第一时间解决他们在口语学习中的问题。

在进行课后评价过程中，教师可以运用 5G 技术从整体和个体两个角度分析学生在学习中集中存在的问题，以及个别问题，进行针对性的评价。更为重要的是，为了解决学生在口语学习中存在的问题，教师可以使用 5G 技术知识图谱技术，了解学生作业中的重点问题，从云端挑选符合学生实际的口语题库，在实现个性化评价的同时，提出进一步解决口语学习问题的方法，促进教师口语教学水平的提升。

（二）优化课堂评价场景，增强评价的即时性

在高校英语口语教学评价的过程中，教师可以运用 5G 技术，搜集学生的学习痕迹，并将这些数据进行传输、记录和保存，更为全面地对学生的英语口语学习状况进行综合性评价。与此同时，教师可以使用视频直播互动技术，实现英语课堂评价的即时性，提升英语口语课堂评价质量。

（三）制定评价量表，实现科学评价

英语口语教学评价需要贯穿在教学的各个方面，实现客观、公正的评价，兼顾终结性评价和过程性评价，并将评价的结果作为教师教学以及学生学习的主要方向，达到以评价促进教学共同提升的目的。在实际的教学评价中，教师可以使用 5G 技术进行口语评价表的制作，让学生结合个人的时间登录 5G 系统进行针对性的测试。假如学生的测试结果合格，则 5G 平台自动打分，并对学生的测评进行排名，从而更为科学地进行英语口语学习效果评价。

第二节　数据技术和云技术的高度成熟化

一、数据技术

（一）数据技术的定义

数据技术简而言之是指处理大量数据的技术，其本质是一种处理咨询的技术。数据技术是以一定的时间为局限，对数据进行一系列处理，比如搜集、整合、处理、分析等的技术。

（二）数据技术的发展历程以及趋势

1. 发展历程

本节主要从 20 世纪 60 年代到 2016 年这段时间论述数据技术的发展历程，并重点将落脚点放到中国数据技术的发展上，希望可以在一定程度上为英语口语教学的发展起到借鉴意义。具体历程如表 4-1 所示。

表 4-1　数据技术的发展历程

时间	人物	观点或是文件	地位
20 世纪 60 年代	英国计算机科学家蒂姆（Tim）	统一的认证标记	通过互联网将其数据资源提供给全球用户
1965 年	科学家摩尔	摩尔定律	为大数据存储材料载体的发展提供了良好的基础
2004 年以来	Facebook 与 Twitter 和以微博为代表的社交媒体		这种 Internet 交互模型创造了人类历史上最大的数据革命，每个人都成为自我的媒介，每个人都成为数据的产生者
2008 年	美国计算机科学行业	《计算大数据：在商务、科学和社会领域创建革命性突破》	不仅在数据处理方面，还在大数据方面；不仅要考虑数据本身，还要考虑新思路

续表

时间	人物	观点或是文件	地位
2015 年 9 月	国务院	《促进大数据发展行动纲要》	坚持创新驱动发展，加快大数据部署，深化大数据应用，实现稳定增长。要立足中国国情和实际需求，促进大数据的开发和应用，在未来 5～10 年内开放创新带动群众创立和群众创新的新格局，培育先进的情报新生态，发展新兴的产业
2016 年 3 月 17 日		《中华人民共和国国民经济和社会发展第十三个五年规划纲要》——"实施国家大数据战略"	把大数据作为基础性战略资源，全面实施促进大数据发展行动，加快推动数据资源共享开放和开发应用，助力产业转型升级和社会治理创新；具体包括：加快政府数据开放共享、促进大数据产业健康发展

2. 发展趋势

（1）数据的资源化。数据已经成为各行各业的战略性资源，在教育行业亦是如此。人们逐步形成数据思维，运用搜集的数据进行行为动机的分析，为后期决策的制定提供一定的数据支持，把握各行业的发展规律，促进各个行业的良性发展。

（2）数据技术与云计算融合。假如将大数据比喻成汽车的话，云计算就是汽车库，即在大数据的处理过程中起到基础设备的作用。2013 年，大数据已经与云计算进行紧密结合，在未来的发展过程中，两种技术的融合会更为紧密。与此同时，大数据开始与其他新兴计算形式进行融合，比如移动互联网技术、物联网技术，这也突出说明大数据对于人类未来的发展具有积极的促进作用。

（3）数据技术成为核心竞争力之一。行为以及表象可以转化成数据，并为未来的决策提供有效的数据支撑，换而言之，我们可以从哲学的角度进行论述，即正确的认识需要由量变达到质变，这个过程离不开人们对各种现状数据的有效分析和升华。以英语口语教学为例，为了提高高校英语口语教学质量，教师可以在各个阶段分析教学数据，比如学生停留在某项英语口语知识的时间、集中存在的口语问题等，并将这些数据制作成相应的图形，更为直观地发现、解决这些问题，并将这种数据分析能力转化成教学的核心竞争力之一。

（三）数据技术的特征

1. 数量大

数据技术数量大的原因：第一，参与数据"创作"的主体多样。在现实生活中，每个人都是"移动的数据"，只要运用网络，均会在网络上留下相应的痕迹，或是个人的看法。第二，软硬件技术的提升及应用。随着信息技术的飞速发展，人们可以通过各种技术实现数据的传播、搜集、整理和分析。第三，人们数据意识的增强。人们开始意识到数据的重要性，并以人的各种数据为支撑，分析产生各种行为的原因，并为后续策略的制定提供技术保障。

2. 类型多

在大数据理念提出之前，各种数据具有统一的标准和结构，我们称之为结构化应用数据。随着信息技术的发展，各种非结构化数据产生，即这些数据没有统一的标准和结构。常见的结构应用数据常常以照片、邮件和新闻的形式出现。由于信息技术的发展，在各种传感器应用与数据的统计过程中，此种数据并不具有较强的结构性，这也导致现阶段的数据类型多种多样。

3. 速度快

众所周知，随着大量数据充斥在网络上，导致用户无法在短时间内找到相应的数据。与此同时，这也体现出现在的数据不具备较强的价值性。针对这种状况，随着数据技术的涌入，人们可以在 1 到 3 秒之间迅速搜集到个人想要的数据，这也反映出数据技术具有较强的速度的特性。

（四）数据技术在英语口语教学中的应用

在高校英语口语教学过程中，教师可以引入数据技术，选择性地运用数据挖掘、分析、搜集和预测技术，最大限度地将这种技术运用在现在口语教学过程中。一方面，真正通过整理数据、建立模型的方式剖析学生在口语学习过程中的学习心理、行为以及学习效果之间的关系。另一方面，教师分析在教学中的各种数据，真正为日后的口语教学提供强有力的数据支撑，真正推动英语口语教学质量的提升。在此部分内容的论述中，笔者主要从数据

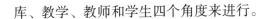

库、教学、教师和学生四个角度来进行。

1.构建英语口语教学数据库

通过构建英语口语教学数据库，高校教师可以最大限度地整合英语数据，在方便学生自主学习的同时，也有利于教师教学工作的开展，比如日常的教学备课以及课后的教学反思，促进教师教育和学生学习双向能力的提升。在实际的英语口语数据库的建设过程中，教师需要注意以下几点：

第一，实现英语口语数据库的模块化。高校可以通过运用大数据将教师的教学数据与学生的学习数据按照一定的标准进行整合，开展针对性的排序，实现数据的模块化，让师生在口语教学过程中灵活地搜集英语口语学习数据，提升英语口语教学数据的便捷性。

第二，加强数据技术的应用。为了真正有效发挥教学数据库在数据技术方面的优势，高校可以引入专业的数据分析人员，让他们在数据库中设置相应的软件，一方面实现英语口语数据的自主分类，另一方面实现向师生进行英语口语学习数据的精准推送。

第三，提高英语口语教学数据的共享性。在进行英语口语教学数据库建设的过程中，高校可以构建共性机制：首先，可以让师生将学习的数据发布到英语口语教学数据库中；其次，让师生进行相应选项的选择，使他们真正从个人的主观愿望出发，选择是否进行数据共享；最后，可以将优秀的、价值高的英语口语教学数据放置在相应的数据库模块中，让更多的师生进行学习。

2.数据技术在教育教学中的应用

高校英语教师可以将数据技术运用在口语教学过程中，并积极地引入典型的在线应用技术，比如雨课堂、慕课堂等，让学生融入具有趣味性的情景中，增强口语教学的沉浸性，使他们享受口语学习的乐趣。比如，在进行情景剧的教学过程中，教师可以运用雨课堂进行此部分的口语授课。在实际的执行过程中，教师可以借鉴如下的方式：在课前，教师可以将制作好的预习课件提前发送给学生，并结合他们的兴趣、爱好，提供针对性预习课件，比如音频、MOOC视频等。在此部分的课件推送过程中，教师引入情景剧的部分视频，让学生结合已播放的部分进行后续情景剧的编写和表演。其次，在课堂情景的表演过程中，教师可以运用弹幕模式，对学生的情景表演进行针对性评价。此外，教师可以允许学生选择个人喜欢的情景，真正让个人的表演更具有感染力，使他们更为动情地表达，提升学生的共情能力。最后，教师可以在运用雨课堂录制学生整个的情景剧编写过程中，发现他们在此过程中出现的口语表达问题和优势，提出合理的口语教学策略，真正达到提升学生口语表达能力的目的。总而言之，在将数据技术运用在口语教学的过程中，教师可以灵活选择教学软件，让更多的学生融入口语学习中，使他们的口语表达能力得到锻炼。

3.运用数据技术，提高教师的专业授课能力

大数据时代的到来在为英语口语教学提供便利的同时，也进一步提高了对口语教学的要求。对此，高校英语教师可以借助数据技术的力量，提高个人的专业授课能力。在实际的措施落实上，教师可以从如下几点入手。

首先，正确认识大数据的作用。高校英语口语教师一方面要认识到大数据已成为现阶段教学的总趋势，另一方面需调整个人的心理，更好地学习相应的数据技术，真正在口语教学过程中发挥大数据的作用。

其次，在数据背景影响下，教师需正确处理好课前、课中、课后的师生关系，真正在运用大数据技术开展英语口语教学的过程中，更好地扮演引领者、决策者的角色，与学生有效地互动，以他们在学习中存在的问题数据为依据合理调整教学思维和内容，实现口语教学知识高效传播，提升个人的口语教学质量。

最后，提高教师的数据分析能力。教师需要有意识地提升个人的数据分析能力，从两个角度进行数据分析。角度一，教知识。高校口语教师可以运用大数据技术搜集个人在备课、教学以及反思整个过程中呈现的数据，并运用思维导图的方式整理英语口语教学思路，分析教学中的问题，真正让个人的口语教学思路更具有发散性和立体性，提升英语口语教学的有效性。角度二，学知识。教师可以从学生的角度思考问题，即以学知识的视角搜集学生在口语学习过程中的各项数据，比如学生的口语表达成绩、整个口语表达状态等，真正发现影响学生口语学习质量的最终因素，制定整个班级学生英语口语拓扑图、每位学生的英语口语学习拓扑图等，了解和分析学生的共性问题和个性问题，提出针对性的口语教学策略，促进学生口语表达水平的提升。总之，通过从数据意识、师生关系以及数据能力三个角度入手，笔者旨在使教师最大限度地让数据技术为英语口语教学服务，促进教师专业口语教学水平的提升。

二、云技术

本节主要从云技术的定义、特征以及应用场景、应用案例四方面来论述云技术的内容，如图 4-2 所示。

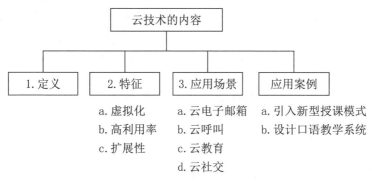

```
                    ┌──────────────┐
                    │  云技术的内容  │
                    └──────────────┘
        ┌──────────┬──────┴──────┬──────────┐
   ┌─────────┐ ┌─────────┐ ┌─────────┐ ┌──────────┐
   │ 1.定义  │ │ 2.特征  │ │3.应用场景│ │ 应用案例 │
   └─────────┘ └─────────┘ └─────────┘ └──────────┘
              a.虚拟化     a.云电子邮箱  a.引入新型授课模式
              b.高利用率   b.云呼叫     b.设计口语教学系统
              c.扩展性     c.云教育
                          d.云社交
```

图 4-2　云技术内容思维导图

（一）云技术的定义

云技术是各种技术的综合，包括应用技术、管理技术、整合技术、信息技术以及网络技术等。为了发挥云技术的作用，需要借助各种功能，比如存储资源，包括各种形式的网站以及大量计算技术。最为常见的云计算技术包括网络信箱、搜索引擎、手机功能等。

（二）云技术的特征

1. 虚拟化

云技术具有较强的虚拟性。用户运用云技术通过移动终端随时随地获取相应的数据，云数据具有较强的抽象性。云技术是一种具备伸缩性的服务，以软件为技术支撑，其具有虚拟化、容错和并行处理的功能。

2. 高利用率

技术人员可以充分将云技术与虚拟化进行融合，合理部署教学设备的运用顺序，最大限度地激发同一教学设备的运用效率，避免为了实现不同功能运用不同设备的状况，提升设备的运用效率。

3. 扩展性

云技术的扩展性主要体现在可以根据实际的工作需要,灵活进行相应资源的部署,比如进行资源的动态部署、调度以及回收。具体言之,由于用户数量的不断激增,导致需要更多的存储空间、更强的信息处理能力,对此,云技术需要根据实际的用户数量灵活地调配相应的资源,比如结合不同的时段调整用户的资源数量,最终达到满足用户需求的目的。

(三)云技术在英语口语教学中的应用场景

1. 云电子邮箱

与传统物理电子邮箱存储方式不同的是,云电子邮箱的存储方式为云端。为了获得更为可靠和快捷的交流方式,用户可以运用云端完成邮件的编写和发送,并实现邮件传递的随时随地性,提升云数据的运行效率。

2. 云呼叫

云呼叫的技术基础是云计算技术,是呼叫系统的一种。用户可以运用场地、人员以及硬软件系统进行呼叫中心的构建。云呼叫系统的优势是:第一,投资少、风险低、运营成本低、伸缩性强;第二,呼叫系统涉及的方位广,可以涉及全国各个地点。

3. 云教育

在进行云教育的过程中,技术人员可以通过搭建流媒体平台的方式实现云教育。具体言之,相关技术人员可以借鉴如下方式。首先,采用分布式架构部署,布置出流服务器、直播服务器、数据库服务器、Web 服务器。其次,为了方便后续的视频的评估、点播和检索,相关技术人员可以进行如下操作:第一,在信息中心架设财经工作站,满足实况直播以及网络电视的需求;第二,在各个学校部署直播系统的教室配置流媒体功能组件、录播系统。

4. 云社交

云社交的本质是在各种技术的支持下形成的虚拟社交。这种社交实现的重要载体是资源分享关系图谱。云社交的特征是统一大量的社会资源,向用

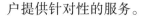

户提供针对性的服务。

（四）云技术在英语口语教学中的应用案例

1. 运用云计算软件，构建新型英语口语授课形式

云计算软件又被称为云呼叫中心，是一种新型、灵活、高效的英语口语学习形式。云呼叫中心的授课形式：学习者可以通过一根电话线学习口语知识。外教只需一台电脑便可以与学生交流，进行口语教学。值得注意的是，云呼叫的通话费用远远低于国际长途。

为了构建新型的口语教学模式，学校可以引入云计算软件，充分运用云呼叫系统功能，提升学生的口语水平。第一，运用云计算中的可拓展性特征，根据实际的英语口语在线学习人数，适时地调整外教以及相应的业务数量，实现外语教学资源的合理配置，降低成本。第二，学生可以设置登录账号，运用通话录音功能，随时进行口语课程知识的复习。第三，充分运用此软件上优秀的外教资源。通过使用云计算软件，高校可以为学生构建一种即时性的口语学习方式，让他们在与外教进行真实的电话交流中获得口语表达能力的提升。

2. 以云计算为突破口，设计英语口语教学系统

通过将云计算与口语移动教学进行有效融合，高校可以构架出新型的口语教学系统，满足学生随时随地练习口语的需要，让他们更为高效地掌握口语发音方法、交流技巧，实现口语教学效益的最大化。在运用云计算进行口语教学设计的过程中，学校可以从系统构成、系统结构以及功能实现三个角度入手。

（1）系统构成元素。通过设计云计算口语学习系统，学生可以随时随地运用移动设备学习英语口语知识。在系统设计中主要包括如下元素：元素一，用户是学生和教师，即负责教授、学习英语口语知识；元素二，系统管理人员是学校聘请的专业技术人员，即负责维护和升级系统；元素三，本地客户端是实现英语口语教学的功能，包括发音检测、对话练习以及西方文化知识学习等内容；元素四，云端服务器主要负责进行数据的更新和引入，比如发音资料、对话资料等。

（2）系统结构要素。系统结构要素是云计算的核心内容。在此部分系统的设计过程中，学校技术人员可以借鉴如下的方式：方式一，采用基于 B/S

多层分布系统设计。此种设计的优势在于无须安装相应的软件，以网页操作的方式实现所有的操作，旨在让用户获得良好的使用体验。方式二，布置服务器。服务器的作用是为学生和教师提供云资源服务，包括进行数据、中心以及系统的部署。方式三，设置多层分布式体系架构。设备层：移动终端、PC。数据层：主要用于计算和存储数据，其数据包括师生的英语口语教学数据。应用层是以云计算技术为核心的应用和管理模块。在此模块中功能包括口语数据的调取、口语资料的更新。表现层主要用于向师生展示各种信息，比如口语学习资料、口语学习进度以及口语分数。

（3）功能实现

①实现检测发音功能。检测发音功能是云计算的基础功能之一。这种功能通过如下两种途径实现：途径一，评价方式。学生将个人发音的视频、音频传播到云中，并接受云计算系统的检测，获得云计算系统提供的数据参照单，并根据对应的建议适时地进行语音、语调的调整，逐渐形成较为规范的发音。途径二，练习方式。学生可以登录此系统进行专项的口语训练，不断强化对语法的深度理解，提升个人的语言规范性。途径三，设计进阶模式。学生在成功突破相应的口语发音挑战后，可以进行下一阶段的训练，逐渐在自我挑战的过程中获得自信，获得语言表达能力的提升。

②实现跨文化意识资料的展示。在设计资料模块的展示过程中，学校设计技术人员可以从如下几方面设计相应的英语文化资料，促进学生跨文化意识的形成。在具体的跨文化意识资料模块的设计过程中，学校技术人员可以从如下角度切入。

角度一，在模块中引入不同形式的资料。学校技术人员可以引入静态的跨文化意识资料，比如文章、故事、新闻，满足不同学生的阅读习惯。与此同时，技术人员可以设计与静态模块相关的动态模块。在讲授西方文化的故事时，技术人员可以引入与此故事相关的动态视频，尤其是对话内容方面的视频，一方面让学生在静态资料的阅读中合理思考和想象，对西方文化形成静态性的认识；另一方面，使他们在观察动态视频的过程中验证对应的文化判断，促进学生文化意识的形成，为他们更为深入地理解口语知识奠定文化认知。

角度二，设计可控的视频播放模式。技术人员可以对视频的播放时间和速度进行合理的控制，让学生结合个人的口语学习基础，更好地控制视频的播放进度和强度，使他们更为投入地模仿对应的口语发音，提高学生发音的准确性。

角度三，设置收藏、分享、讨论功能。为了让更多的学生感受到英语学习的乐趣，营造良好的英语网络学习环境，学校技术人员可以引入微信中的功能，比如收藏、分享、讨论功能等，让学生收藏个人感兴趣的跨文化知识，并与其他学生探讨相应的文化知识，提升学生对文化认知理解的深度和广度。

③实现交流功能。培养学生的交流能力是口语教学的最终目的。在进行口语教学系统设计的过程中，高校技术人员可以引入交流功能，让生生之间交流口语学习的优质方法，让师生之间彼此提出口语学习意见，促进教学相长，将交流功能的效益发挥到最大化。为了实现交流功能，技术人员可以从如下角度入手。

角度一，引入视频互动机制。技术人员在设计交流功能时，可以引入视频互动机制，让学生与学生、学生与教师、学生与外教之间通过视频的方式进行针对性的口语交流，实现有效口语教学互动。

角度二，引入文字互动机制。技术人员可以构建留言模块，实现英语学习主体的异步交流，真正消除部分基础薄弱的学生在口语交流时的紧张感，使他们在遣词造句中更为积极地运用个人掌握的口语知识进行表达，获得良好的口语教学效果。

第三节　虚拟现实技术应用范围的扩大化

一、虚拟现实技术的定义

虚拟现实技术是仿真技术的重要分支之一，是多种技术结合的技术性产物，其中包含网络技术、传感技术、多媒体技术、人机接口技术、计算机图形学、仿真技术，是一门集交叉性、前沿性于一身的技术。

虚拟现实技术由传感设备、自然技能、感知、模拟环境四部分构成。模拟环境是指以计算机技术为基础，生成的具有即时性、动态性的三维逼真图形。感知是以人的感知为条件的 VR 技术感知系统，这种感知是一种多重性感知，包括模仿人的各种感知，比如听觉、嗅觉、触觉等。自然技能是指通过虚拟技术，输出人的各个行为动作数据，并将这些数据通过多种形式进行再现，比如声音、视频等，给予用户身临其境之感。传感设备则是从三个维度进行有效互动的设备。

二、运用虚拟现实技术的意义

将虚拟现实技术应用在人与人、人与社会、人与自然的关系过程中，既可以促进人与各种要素的关系的和谐构建，又能够拓展人感知各种时空信息的通道，实现对各种复杂事物动态变化的有效感知，将计算机应用水平提升到新的高度。具体言之，运用虚拟现实技术主要有三种意义，如图4-3所示。

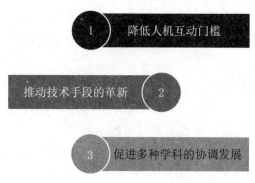

图4-3　运用虚拟现实技术的意义

（一）降低人机互动的门槛

引入虚拟现实技术的目的是计算机能够更好地与人相适应，从人的角度设计计算机的相应功能。传统的人机互动是：人只有掌握一定的计算机知识才能有效运用计算机。与之不同的是，虚拟现实技术注重从人的角度入手，让计算机从人的视角思考问题，并通过多种媒体形式，展示出与人最为接近的各种特性，比如嗅觉、触觉、听觉等，真正让计算机主动适应人的自然属性，给人以身临其境之感，最终达到降低人机互动门槛的目的。

（二）推动技术手段的革新

虚拟现实技术一方面有利于对旧技术进行升级改造，另一方面也有利于促进全新技术的出现。出现新技术的原因在于：虚拟现实技术让人以新的视角看待世界、思考世界，形成对世界新的认知和知识，并以这些知识为依托，将这些知识转化成生产力，促进全新技术的出现。

（三）促进多种学科的协调发展

通过运用虚拟现实技术，人们可以开发出更多硬件和软件，并从新的视

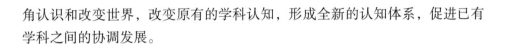

角认识和改变世界，改变原有的学科认知，形成全新的认知体系，促进已有学科之间的协调发展。

三、虚拟现实技术的特征

（一）沉浸性

沉浸性，简而言之，即人在运用虚拟现实技术的过程中会有一种身临其境之感。虚拟现实技术的核心是以人的自然属性为依据，结合人的心理、生理特点，借助各种尖端技术，呈现出一种十分接近现实的身心感受。在具体的虚拟现实技术应用过程中，人们只需要佩戴相应的设备，比如数据手套以及头盔显示器等，便可通过计算机营造的逼真情景融入其中，调动个人的多种感官去感受一个"真实"的世界。

（二）交互性

交互性是虚拟现实技术的重要特征之一，是指用户通过各种操作让计算机模拟对应的情景，并根据计算机模拟的情景做出针对性的反馈，达到人机高效反馈的状态。比如，人们在进入虚拟环境后，通过用手抓住一个物品，并借助虚拟现实技术在手部获得一个对应的反馈，即为虚拟现实技术的交互性展现。

（三）构想性

构想性是指，人通过虚拟现实技术融入相应的场景中，并在这种"真实"的场景中进行深度的思考，形成有别于现实，却十分接近现实的一种观念，并将这种观念进行深度的延展和思考。更为重要的是，人们可以将这种思想、观念运用在现实中加以验证，形成个人独有的全新认知。由此可见，虚拟现实技术有利于促进人们思维的多元化、立体化和发散化发展。

四、虚拟现实的关键技术

（一）即时三维图形生产技术

即时三维图形生产技术是指，计算机通过从现实生活中获取某项实物的三维数据，并将这些数据进行"还原"，即在电脑上"再现"这项实物。这个过程中，此项技术一方面需要准确、高速搜集数据，另一方面需要真实还原实际物品。

（二）立体显示技术

人要想在视觉上获得立体感觉，画面需要满足三个条件：第一，画面具有透视性；第二，画面具有虚实明暗性；第三，画面凸显空间定位效果。为了满足第一点要求，技术人员可以尊重相应的规律，遵循人的观看规律，在计算机上呈现出透视性的效果。为了满足第二点要求，技术人员需要综合运用计算机技术，模拟现实生活中的明暗、颜色和光度，呈现画面的虚实明暗性。为了满足第三点要求，技术人员在设计眼镜时，要保证观看者可以同时看到同样奇偶帧数的图像。就现实而言，人类已经实现了上述三点要求，掌握了立体显示技术。

（三）系统集成技术

为了综合分析虚拟现实技术中的巨量感知信息，促进分析模型的构建，技术人员需要设计出具有较强集成作用的技术，此种集成性技术包括合成技术、识别技术、数据转换技术、模型标定技术以及信息同步技术等。

五、虚拟现实技术在教育领域的应用

（一）虚拟学习环境

1. 虚拟学习环境的原则

（1）真实性与准确性。在进行虚拟学习环境的建设中，高校英语口语教师需要遵循真实性和准确性的原则。在真实性方面，教师需要以真实场景为突破口，运用虚拟现实技术模拟真实生活中的场景，让学生融入其中，直接触碰他们的内心深处，激活学生已经掌握的知识。与此同时，教师需要遵循准确性原则，将模拟中的情景与英语口语内容进行精准的融合，让学生运用已有认知知识进行表达，在教师的指导下构建已掌握知识与新知识的连接，提升英语口语教学的有效性。

（2）整合性与系统性。在虚拟学习环境的建设中，教师除了需要从技术入手外，更应注重从教学内容入手，实现技术与内容的有效融合，促进学生英语口语表达能力的提升。在实践过程中，教师可从整合性和系统性两点入手。在整合英语口语知识点的过程中，教师一方面需要立体地了解整个英语

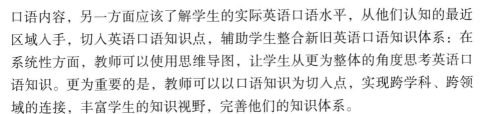

口语内容，另一方面应该了解学生的实际英语口语水平，从他们认知的最近区域入手，切入英语口语知识点，辅助学生整合新旧英语口语知识体系：在系统性方面，教师可以使用思维导图，让学生从更为整体的角度思考英语口语知识。更为重要的是，教师可以以口语知识为切入点，实现跨学科、跨领域的连接，丰富学生的知识视野，完善他们的知识体系。

（3）交互性与协作性。本段中的交互性是指三对关系的交互，分别为控制对象与学习者、虚拟人物与学习者、学习者与学习者。控制对象与学习者之间的交互性主要体现在学习者借助三维交互设备，与虚拟环境中的对象进行互动的过程。在实际的执行过程中，学习者需要直接控制对象，设定相应的参数，比如速度、运动方向。系统则可以向用户反馈信息。学习者与虚拟人物之间的互动，即在虚拟学习环境中，虚拟人物会辅助学习者完成相应的对话任务。学习者与学习者可以通过多种形式的互动，比如语言、文字、动作等，实现针对性口语知识的交流，促进学生良好英语学习态度的建立，旨在促进学生英语口语表达能力的提升。

2.虚拟学习环境的策略

（1）灵活选用开发工具和 VR 沉浸设备。在英语口语教学过程中，教师可以结合本校状况，灵活选择开发工具以及 VR 沉浸设备，让学生真正沉浸在相应的情境中，获得良好的口语教学效果。

（2）创设场景。在英语口语教学过程中，教师可以设置真实、精准的对话场景，让学生融入其中。除此之外，在场景创设的过程中，教师还要设置进阶性的游戏关卡，让学生通过一次次的口语通关，实现与虚拟环境人物的有效互动，提升他们的口语表达能力。

（3）教学模块。在教学模块的制订过程中，教师需要注重英语口语知识点的整合，并将各个单元口语教学内容进行有效融合，真正将琐碎的口语知识系统化。与此同时，教师可以设置相应的教学内容呈现渠道，比如文字、音频、3D 数字化模型。学习者借助与虚拟人物的互动，充分运用个人掌握的口语知识，并向虚拟人物学习教师设置的口语知识，实现口语教学质量的提升。

（二）虚拟实训基地

1.构建虚拟仿真资源库

资源库是实现基地构建的命脉。在仿真资源库的建设中，高校可以结合本校实际，将本校实训基地的仿真资源进行有效融合，并建立在同一平台上，真正为虚拟实训基地的建设提供强有力的英语口语资源库。

2. 开展智慧化教学管理

高校可以以 AI 智慧教学平台为核心，构建实训一体化的英语口语课程体系，实现线上与线下口语教学的有效融合。与此同时，高校可以借助大数据技术，分析学生学习以及教师教学中的数据，并提出针对性的教学建议，增强高校英语口语教学的精准性，促进智慧化教学管理质量的提升。

3. 落实实训设备管理

在实训设备的管理过程中，高校可以充分运用云计算以及物联网技术，对现有的设备进行智慧化改造，实现口语教学设备的远程控制，并进行针对性的智能设备维护。与此同时，高校可以通过硬件镶入式编码，实现设备运用数据的采集和调节，更好地实现设备管理。

4. 实现基地智慧管理

在实现基地智慧管理的过程中，教师可以结合学生未来的就业方向，开展虚拟化的口语教学，并结合学生的表现，给予相应的评价和指导，让他们掌握科学的口语学习方法。在实际的执行过程中，教师可以以学生未来的就业方向为指导，设置相应的模拟角色。比如，教师可以设置外贸工作角色、国际对外汉语教师角色、英语教师角色、翻译角色等，让学生融入对应的场景中，进行针对性的角色交流，促进学生专业口语表达能力的提升。

第五章 | 英语口语教学网络技术应用的策略研究

本章主要从 VR 技术、网络互动平台技术、大数据技术以及口语测评技术四个角度讲解英语口语教学开展的策略，并注重讲解各个策略开展的必要性以及具体的实施策略。

第一节　VR 技术在英语口语教学中的应用策略

一、VR 技术应用在英语口语教学中的意义

（一）理论意义

1. 丰富原有的理论

从现阶段而言，我国的沉浸式英语口语教学尚处于初级阶段，相应的理论还不健全。通过将 VR 技术融入现阶段的高校英语口语教学过程中可以弥补理论方面存在的不足，丰富现阶段的英语口语授课方式，为后续教学者提供可借鉴的 VR 技术教学理论。

2. 促进英语口语教学理论创新

在传统的英语口语教学方法中，大部分英语口语教师往往以产出导向法和任务驱动法为主，并不注重引入新型的授课模式，导致现阶段英语口语教学效果不佳。针对这种状况，高校英语口语教师将 VR 技术引入英语口语课堂，一方面可以为现阶段的教学理论注入新鲜血液，另一方面能够转变原有的授课形式，真正转变个人的教学理念，实现英语口语教学理论的创新。

3. 促进 VR 技术在英语口语教学中的有效应用

通过将 VR 技术引入英语口语教学过程中，高校英语口语教师一方面可

以针对 VR 技术的特点，将这种技术应用于多种英语口语教学中，比如英语口语情景设置，增强英语口语教学的沉浸感，提升高校英语口语教学的有效性，另一方面能够为后续教师在 VR 技术应用方面提供强有力的实践性理论支撑。

（二）实践意义

1. 课堂教学实践意义

（1）在英语口语教学过程中，教师将 VR 技术融入英语口语课堂，运用此种技术具有的沉浸性、互动性以及构想性特点，为学生提供身临其境的英语口语授课场景，构建更为丰富的情境教学活动，让他们融入其中，感受学习英语的乐趣，使学生主动张口学习英语，并不断在锻炼中获得英语口语表达能力的提升，让他们树立英语口语学习的自信心。

（2）促进教师教学能力的提升，推动"智能化"师资队伍建设。在进行 VR 技术的应用过程中，教师可以学习多种教学理念，比如沉浸式教学理念，掌握各种新型的授课方法和教学技术，促进个人英语综合教学能力的提升。与此同时，学校为了促进全体教师师资教学素质的提高，定期开展各种 VR 技术培训，让教师真正树立信息技术意识，提升他们的信息素养，使其具有较强的现代互联网意识，促进"智能化"师资队伍的建设。

（3）促进英语口语教学技术的升级。教师将 VR 技术应用于英语口语教学过程中，既可以在一定程度上解决智能化人机互动问题，又能够促进高校英语口语语言库的建设，真正寻找到 VR 技术与现阶段英语口语教学的衔接点，促进高校英语口语教学技术的升级，为提高高校英语口语教学的高效性提供技术支撑。

2. 社会视角下的教学意义

我们得知国家已经将产学研相结合的技术创新体系作为国家自主创新，建设创新型国家的重要举措。通过将 VR 技术引入到高校英语口语教学过程中，高校可以以 VR 项目教学为纽带，推动 VR 技术与英语口语课程的有效开发，实现技术优势与教学优势的强强联合，真正推动高校教学技术的创新，促进产学研教学体系的构建。

二、现阶段英语口语教学中存在问题的原因

在现阶段英语口语教学中存在的突出现象是"哑巴英语"的出现。造成这种现象的原因有三点（如图5-1所示）。

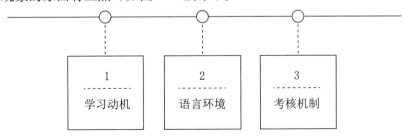

图 5-1 造成"哑巴英语"的原因

（一）学习动机

1.学习动机的定义

学习动机是个体不断追求实现英语学习目标的心理状态。拥有良好的学习动机有利于促进学生学习态度的形成、学习目标的建立，实现良好的英语学习效果。学习动机包含三方面的内容，分别为学生对待英语口语学习的态度、学生在英语口语学习中的主观努力程度、学生达成英语口语学习目标的渴求度。

2.影响学习动机的因素

（1）学习目的。部分高校学生并不具有明确的英语口语学习目的，并在英语口语学习过程中常常出现"懒于思考""懒于表达""懒于参与"的被动、消极性的英语学习状态，导致他们的英语口语学习存在"当一天和尚，撞一天钟"的尴尬状况。

（2）学习态度。在高校英语口语教学过程中，教师发现部分学生常常出现学习态度不端正的状况。有些学生在英语口语学习的过程中并没有明确的计划，一些学生在英语口语课堂上经常交头接耳，部分学生经常性地满足于现阶段的英语学习成绩。

（3）学习兴趣。有些学生将英语口语学习看成是一种负担，既不能保证每堂课参与到英语口语学习中，又不能真正尊重英语课堂纪律，经常出现迟到、早退、旷课的状况，导致整体的英语口语学习效果不佳。

（4）学习心理。部分学生在英语口语学习的过程中并不自信，害怕在口语表达中出错，常常在口语表达中出现"避而不言"的尴尬状况。此外，部分学生不具备较强的英语基础，常常存在严重的抵触心理，即将英语口语课堂看成是心理的煎熬。

（二）语言环境

1. 校园环境

校园环境包括课上环境和课下环境。课上环境是指：在英语口语课堂上，部分教师为了提升教学进度，在英语口语教学的过程中"掺杂"汉语，导致缺乏良好的课堂英语口语学习氛围。此外，一些学生并未拥有课上运用英语交流的意识，导致他们的口语表达能力得不到有效提升。课下环境是指：在下课后，部分学校并不重视英语口语练习，不注重营造良好的口语交流氛围，导致学生在课下缺乏相应的口语表达环境。

2. 家庭环境

部分学生缺乏良好的口语交流家庭环境。造成这种现象的原因有如下三点：第一，家长不具备较强的英语口语交流意识，无法在家庭生活中与学生进行口语交流；第二，家长的英语基础差，无法对学生的口语表达进行指导；第三，家长并不主动构建英语口语交流环境，造成学生无法获得英语口语表达的家庭环境。

3. 社会环境

众所周知，英语是一门世界性的语言。在开展英语口语教学中，部分学校缺乏相应的社会环境，即并未与社会中的企业，尤其是未与用外语交流的企业搭建相应的合作关系，导致部分高校学生无法在社会环境中获得专业口语表达的锻炼。

（三）考核机制

部分高校缺乏口语考核机制，有些学校考核机制不完善。还有些学校只是以学生的口语成绩作为判断他们口语表达能力的唯一标准，并不注重对学生进行过程性考核，造成一些学生在口语学习中存在严重的"唯分数论"思想。

三、VR 技术在英语口语教学中的应用策略分析

（一）运用 VR 技术促进学生深度学习，激发他们的学习动力

1. 营造语境情景，让学生想学

在传统的口语教学过程中，部分教师往往采用照本宣科的方式授课，并不注重为学生搭建具有情景性的口语学习平台，导致学生无法融入课堂，将个人掌握的英语知识与情景建立连接，只是一味地接受教师讲授的知识，造成学生学习动机薄弱的状况。针对这种状况，教师可以运用 VR 技术，让学生融入其中，实现虚拟数字世界和现实世界的无缝连接，真正让学生有一种亲身经历语境情景的感觉，并不自觉地张口说英语，表达个人的看法，真正激活学生头脑中的口语知识，更为深入地进行针对性的口语交流，激发他们的学习动机，获得良好的口语教学效果。

2. 开展跨学科学习，让学生会学

在开展口语教学的过程中，教师需要突破学科的局限，真正改变传统的学科本位思想，真正打开学生的思路，让他们充分调动各种学科知识，激发他们的思维灵感，完成相应的英语口语学习任务，真正使学生会学。

在实际的执行过程中，教师可以使用 VR 技术构建跨学科实验室，在此实验室中引入多种学科知识，比如历史知识、文化知识、生物知识、地理知识等，让学生以知识为思维的切入口，从不同的角度探究口语知识问题解决的方法，真正激发他们的思维灵感。为了让学生更为深入地学习相应的口语知识，教师可以设置不同形式的口语学习问题，让学生结合个人的学习优势完成相应的口语问题。在具体的问题解决过程中，教师应注重将传统教学方法与 VR 技术进行有效融合，让学生真正成为英语问题解决的主体，并不断使用此项技术，了解更多的英语口语知识，解决对应的英语口语问题，促进他们口语表达水平的提升。

3. 打破固定课时，让学生善学

在运用 VR 技术进行英语口语课堂构建的过程中，教师可以打破传统固定的英语课程设置，突破以教师为教学主体的思维局限，真正让学生成为英语口语学习的主导者，让他们真正从学校构建的英语口语数据库中学习相应

的知识。与此同时，教师可以让学生在实际的课堂上进行展示。更为重要的是，教师可以让学生运用 VR 技术设置英语知识应用的场景，并讲解个人对整个英语口语知识学习的过程。更为重要的是，教师可以运用大数据分析学生在整个英语学习过程中存在的问题，提供针对性的解决方案，使他们真正掌握英语学习的方法，达到善学的目的。

（二）运用 VR 技术打造"母语环境"，学习语言与文化

在开展英语口语教学的过程中，教师可以使用 VR 技术，让学生瞬间"穿越"到世界的各个角落，了解世界各地的文化，与世界各地的外国友人进行虚拟性的在线交流，真正模拟具有母语性质的语言学习环境，让学生运用多种感官，更为直观、高效地理解英语文化，促进学生语言表达能力的提升。在实际的执行中，高校教师需要注意如下几点。

1. 引入 VR 技术，注重加强师生互动

高校英语教师可以引入 VR 技术，注重加强师生互动，让学生在教师的带领下，走入相应的语言场景中，实现师生之间的有效互动、学生与 VR 环境人物的有效互动，为学生打造具有"母语环境"的英语学习新形式，使他们在相应的场景中，学习语言，了解西方的文化，真正实现英语口语学习的知行合一。值得注意的是，高校教师可以运用相应的技术，对英语口语教学内容进行合理的编写，比如删减、增添相关内容，并根据学生在英语口语中出现的具体问题进行针对性课程的设置，真正达到提升英语课程教学的精准性的目的。

2. 合理选取优质的英语口语对话内容

优质的英语口语对话内容是提高英语口语教学质量的关键。在选择优质内容的过程中，教师需要借助各个力量，比如在网络上搜集高质量的课件，引入与英国或是美国实际交流场景一样的内容。更为重要的是，教师可以使用 VR 增强技术还原内容中涉及的场景，真正让学生融入场景中，进行针对性的口语练习，提高他们的口语水平。

（三）运用 VR 技术完善考核机制，激发学生学习的能动性

在进行口语考核的过程中，高校英语教师可以运用 VR 技术完善现有的考核机制，真正让学生融入相应场景中，结合他们的表现，开展不同的考核

模式，真正让学生在不同考核场景下纠正口语表达错误，提升他们的口语表达水平，实现激发学生英语学习能动性的目的。在实际的执行过程中，高校口语教师可从如下角度入手。

1. 再现英语口语对话场景

为了检验学生掌握英语口语知识的效果，教师可以使用 VR 技术，设置符合每一位学生实际学习状况的场景，让他们融入个人曾经犯错的场景中，并与"虚拟人物"进行针对性交流，检查个人纠错的程度。

2. 开展不同形式的考核

形式一，自我考核。教师可以将学生在 VR 技术下的口语视频发送给学生，让学生跳出个人的思维定式，从反思的角度纠正在表达中的错误。形式二，他人考核。教师可以让其他人观看视频中学生的表达状况，并针对视频中学生的问题，与视频中的学生进行真实的对话，尤其是从视频中学生的薄弱环节入手。更为重要的是，通过他人考核的方式，学生可以最大限度地发现个人在口语表达中的错误，并进行针对性弥补。形式三，教师考核。教师可以使用 VR 技术，和学生一块扮演相应的"虚拟人物"，并通过师生对话的方式，进一步检查学生在口语表达中的错误，并以此结果作为考核的最终成绩。

3. 总结

教师通过运用 VR 技术，对学生进行不同角度和场景下的考核，真正让学生更为全面地认识在口语学习中的问题，并进行针对性的纠正，让他们真正在反思和实践中获得口语表达能力的提升。

第二节　网络互动平台技术在英语口语教学中的应用策略

网络互动平台技术包含的内容多种多样，本节主要以双师教学模式为案例，论述网络互动平台技术在英语口语教学中的应用策略。

一、网络互动平台技术在英语口语教学中的应用

（一）教师端

就当前教育发展大环境而言，网络互动平台软件设备应用的难点极为突出，就是如何搭建"教师端"教学平台，让名师在线真正进入到口语教学之中，让真实的语境始终环绕在口语课堂教学活动之中，教师真正发挥课堂辅导作用，培养学生语感，达到学生与名师线上互动、教师与学生线下互动的目的。

在教师端的构建过程中，具体操作应包括两部分：第一，名师后台建设要基于"网络互动视频直播"技术。名师后台建设是口语教学网络互动平台软件设备应用难点中的难点，包括名师互动空间、互动直播后台、学生三个部分，具体运作流程如图 5-2 所示。

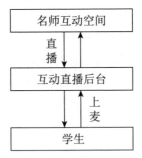

图 5-2　名师后台建设的路径构成图

如图 5-2 所示，"名师互动空间"是指名师在后台进行教学操作的过程，"互动直播后台"就是进行画面处理和接受学生连麦申请的平台，最终向学生呈现出清晰的名师线上互动的界面，并且形成学生与名师之间的线上互动空间，营造出良好的口语教学氛围。第二，前台教师线下辅导是基于现代教育技术的。在口语教学网络互动平台中，线下辅导教师起到为学生提供线下辅导的作用，其目的就是帮助学生吸纳名师所讲述的内容以及口语练习的方

法，扮演好学生"线下指导员"的角色。其间，教师要擅长使用数据统计与分析技术，及时对学生口语学习和练习的现实情况加以分析，制定出最行之有效的线下指导策略。

（二）学生端

毋庸置疑的是，网络信息化口语教学模式运行的教学主体依然是"学生"，只是在教学模式上发生了明显的改变，学生学习过程无疑是口语教学重点中的重点。对此，在网络互动平台学生端构建与软件应用的过程中，要强调"电子课本"的有效运用，即为每一位学生提供一个网络互动平台客户端设备，既能与名师之间实现连麦互动，还能将课堂练习的结果及时上传至线下辅导教师之手，确保学生与名师和线下辅导教师之间保持三边互动。

二、双师教学模式在英语口语教学中的应用

为了更为直观地展示双师教学模式的应用过程，为读者提供更为直接的思维阅读引导，笔者绘制了思维导图，如图5-3所示。

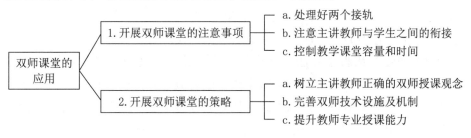

图5-3 双师课程的应用

（一）开展双师课堂的注意事项

1. 处理好两个接轨

接轨点一：主教教师在教学理念与教材解读与主讲教师接轨

众所周知，为了适应主讲教师的教学方式和思维，主教教师需要从教学理念和教材解读两个方面实现与主讲教师的接轨。在教学理念上，主教教师可以观看主讲教师的各种视频，了解其教学观念，对主讲教师的教学方式和教学思路进行准确的预判，实现与主讲教师的高效配合。在教材解读方面，主教教师需要树立"给学生一碗水，自己准备一桶水"的思维模式，真正从各个角度、各个层次深入解读教材，在实际的英语口语教学过程中最大限度

地与主讲教师达成共识，并在此基础上，从个人教学优势和学生学习水平入手，编写相应的教案，推动英语口语教学质量的提升。

接轨点二：主教教师在教学方法上与主讲教师接轨。教师与教师之间思维方式、教学方法具有较大的差异性。在双师教学过程中，主教教师需要适应主讲教师的教学方法，真正跟随主讲教师的思路，更好地对学生进行针对性指导，实现双师课堂教学效益的最大化。

2. 注意主讲教师与学生之间的衔接

在实际的双师教学过程中，主教教师需要注意到：主讲教师并未真正了解学生的实际学习状况，无法让学生适应主讲教师的教学。对此，主教教师需要做好主讲教师与学生之间的桥梁，让学生适应主讲教师的节奏，使他们高效地学习口语知识，从而促进口语教学质量的提升。在实际落实上，主教教师需要注意如下几点。

（1）提高学生思维的灵活性。为了让学生更好地适应主讲教师的风格，主教教师在教学中需要拓展学生的学习思维，引入不同口语授课场景，构建不同形式的口语授课模式，真正让学生掌握不同情境下英语口语学习的方法，增强学生思维的灵活性，更好地适应主讲教师的教学。

（2）增强英语教学方法的多样性。为了让学生适应主讲教师的教学方法，主教教师可以在日常的口语教学中不断打破个人的教学舒适区，为学生引入异彩纷呈的英语口语授课方式，比如微课教学法、慕课教学法、翻转课堂教学法，引入新型的授课技术，使他们最大限度地适应主讲教师的风格，提升学生的口语知识吸收效率，获得良好的口语双师教学效果。

3. 控制课堂教学容量和时间

在高校英语口语教学过程中，部分高校英语教师往往存在过于遵循课堂完整性的状况，不能处理好主讲教师教学与学生学习时间之间的关系，尤其是不能有效地控制主讲教师的课堂容量，导致出现口语教学效果不佳的状况。对此，高校英语口语教师在教学的过程中需要结合课堂教学实际，合理控制课堂教学容量和时间，真正平衡好教学容量与学生实际学习水平之间的关系，促进高校英语口语教学质量的提升。在实际的执行中，教师需要注意如下几点。

（1）让学生成为双师课堂中的主人。在实际的双师教学过程中，教师需要落实以学生为英语口语教学根本的原则，在教学内容、主讲教师的选择上从学生具体的英语口语水平入手，开展针对性的双师课堂建设，使学生真正在口语学习的过程中学有所获。

（2）为学生提供充足的学习时间。高校教师在进行双师教学过程中需要为学生提供知识理解、消化和运用的时间，更好地平衡好主讲教师教学与学生思考之间的时间分配，让学生最大限度地吸收口语知识。

（3）合理控制教学容量。高校英语教师在口语课堂上需要深入认识学生的学习水平，以及日常在口语学习中的知识接收量，并在双师课堂的教学中合理控制英语口语课堂的容量，使学生较为轻松地掌握英语口语知识，从而获得良好的口语教学效果。

（二）开展双师课堂的策略

1.培养主讲教师正确的双师课堂观念

高校英语教师只有树立正确的双师课堂教学意识，才能更好地将双师教学模式运用在高校英语口语教学中，最大限度地发挥双师课堂教学的实际效用，为增强高校英语口语教学赋能。为此，高校教师需正确认识双师课堂。

（1）双师课堂成为未来教学的主要方向。双师课堂自诞生以来就受到学校、教师以及学生的青睐。清华大学、人大附中以及国家图书馆在我国教育部的支持下构建了国家基础教学教育资源共享联盟。我国各个地区均在进行上市教学的试点工作。以上种种说明双师课堂的普及是未来教学的主要趋势。

（2）双师课堂在教学实践中具有很大的意义。第一，提升课堂教学活力。将双师课堂融入教学过程中，主讲教师与主教教师、主讲教师与学生、主教教师与学生可以实现充分的互动，激发口语教学的灵感，真正营造更为浓郁的双师课堂氛围，提升口语课堂教学的活力。第二，丰富口语教学的形式。在传统口语教学过程中，大部分口语教师经常运用任务型教学法、产出导向法，并不注重对原有教学形式进行革新，导致部分学生对口语学习产生较为严重的抵触心理。针对这种状况，高校英语口语教师可以引入双师授课模式，从教学形式上增强学生对口语学习的新鲜感。与此同时，高校口语教师需要适时地进行教学反思，分析现阶段双师教学中存在的问题，并制定相应的策略，真正适应双师教学的趋势，丰富口语授课形式。

2.完善配套设施及机制建设，为双师课堂的顺利开展创造外部条件

（1）加强资金的投入

①将资金投入到师资队伍建设上。为了构建强有力的师资队伍，高校可以将资金投入到师资队伍的建设上，建立一支具有双师理念和素质的队伍。具体言之，学校一方面可以将资金运用在优秀教师的招聘上，另一方面运用在现有教师的培训上，真正提升本校整体教师的综合教学水平。

②将资金运用到设备的投入上。高校为了双师课堂的顺利开展需要真正将资金运用在硬件和软件设备方面。在硬件方面，高校可以将资金投入到硬件设施的构建上，比如多媒体器材、无线网络设备、教学数控一体机、大容量的阶梯教室，为双师课堂的顺利开展提供必要的设备基础。在软件方面，高校可以将资金投入到相应程序上，构建多种形式的双师课堂。

（2）完善教学奖励机制

激发讲师的教学能动性。为了激发教师参与双师课堂的热情，高校可以构建奖励机制，并从物质和精神两方面入手。在物质方面，高校可以为参与双师课堂教学的教师提供相应的经济奖励，比如提供额外的津贴，并建立相应的绩效机制。在精神方面，高校可以对在双师教学过程中有突出表现的教师颁发荣誉证书，并在职工大会上进行颁发，真正让更多的高校英语口语教师受到精神的鼓舞，激励一批又一批的教师投入到双师课程中。通过从物质和精神两方面渗透，激发教师参与双师教学的热情，真正让双师课堂促进高校英语口语教学质量的提升。

（3）完善评价机制

激发双师学习热情。高校教师在教学的过程中可以通过完善评价机制的方式，激发师生的教学热情，让他们全身心投入到双师课堂中，实现课堂口语教学的高效性。在实际的执行过程中，教师可从如下几个角度完善评价机制。

①教师自评与互评相结合。教师可以通过自评和互评的方式，更为全面地了解个人在双师教学过程中存在的问题，比如思维问题、知识问题等，并在其他同事的帮助下解决口语教学问题，实现双师英语课堂教学的高效性。

②师生互评。在对学生的评价过程中，教师可以使用大数据观察学生学习兴趣集中点、擅长的内容、薄弱的知识等，结合影响学生口语学习的各个因素，对他们提出针对性的口语学习策略，真正让学生在教师的评价中发现口语学习中的问题，促进学生英语口语表达能力的提升。为了更为全面地搜集学生对教师的评价，教师可以采用多种评价方式，比如一对一谈话、学生代表座谈会以及问卷调查等，真正更为全面和立体地搜集学生对双师英语教学的看法，通过多角度探索更多的英语口语教学薄弱环节，进行针对性弥

补，促进教师专业教学能力的提升，为更为高效地开展双师授课提供必要的数据基础。

3.提高教师专业能力，为双师课堂顺利开展提供师资保障

（1）提高教师的双师课堂理论素养

高校教师为了更好地适应双师教学趋势，需要加强对于双师课堂相关的理论知识的学习，真正以这些理论为导向，进行更为高效的双师授课，真正提升双师课堂在口语教学中的质量。在实际落实上，教师可以学习如下理论知识。

①深入学习协同理论、社会互赖理论以及群体动力理论。由于在双师课堂的构建过程中，主讲教师需要了解个人的授课内容、学生的学习内容以及主教教师的授课内容，并成为主教教师与学生之间的桥梁，促进口语教学的顺利开展。为此，高校教师需要加强对群体动力理论、社会互赖理论以及协同理论的学习，真正将这些内容引入到日常的双师教学中，促进三者之间的有效互动，推动口语知识的有效传播，提升整体的高校口语教学质量。

②加强建构主义理论与交往理论的学习。通过交往理论的学习，教师在双师课堂的开展过程中可以以此理论为指导，积极成为主讲教师与学生之间沟通的桥梁，真正让学生更好地融入英语口语学习过程中，并在此基础上，让学生跟随主讲教师的思路，进行针对性的英语口语学习，促进他们口语表达能力的提升，发挥交往理论的作用。与此同时，教师将建构主义理论运用在双师英语课堂上，可以寻找最为接近学生认知区域的英语口语知识，并注重与学生进行互动和启发，让他们自主完成英语口语知识结构的优化，实现良好的双师口语教学效果。

③加强关于学生心理书籍的阅读。在进行双师课堂的构建过程中，高校英语教师需要意识到学生是英语口语授课的主体，并真正懂得从学生的角度思考相应的教学问题，让学生在感受英语学习乐趣的前提下更为积极地投入到英语口语学习中。为此，教师需要深入阅读有关学生心理的书籍，并参与相应的讲座，更为深入地了解学生的心理，从学生的心理角度入手，构建更为高效的双师口语课堂。

（2）提高教师的双师课堂专业素养

为了提升高校英语教师双师专业素养，促进双师视域下的口语课堂的构建，教师可以从如下三点入手。

①提高自身的语言素养。高校英语教师一方面需要具备较为夯实的专业

知识，比如英语语境意识、语篇知识、语音知识、词汇知识和语法知识等，另一方面需要具备较强的英语语言运用能力，比如运用英语教学、阅读参考文献、与外国友人进行互动等，还需要具备强大的跨文化交际意义，可以根据不同地区的英语系国家灵活进行针对性的语言交流。除此之外，高校英语教师需要树立终身学习意识，结合现阶段英语教学发展的主方向，以及外来教学发展的趋势，开展针对性的语言学习，丰富个人的英语知识体系，拓展英语教学视野，提升个人的英语语言素养。

②学习、运用学科知识，提升双师教学实践能力。为了提升双师教学实践能力，教师应该加深对专业知识的学习，达到提高学生语言表达能力，辅助学生构建语言知识的目的。更需要学习各种教学理论，真正将这些理论运用在实际的课程建设、教学内容选择以及教学方法运用上，构建更为科学、清晰、连贯的双师课堂模式，实现有效的双师口语教学，最终达到提升学生语言表达能力的目的。

③开展双师课堂教学反思，提高教师的专业教学能力。"小反思小进步，大反思大进步"。在双师教学过程中，教师可以树立反思思维，真正从双师课堂教学的各个阶段进行反思，比如课前、课中、课后，并尝试绘制双师课堂教学思维导图，在梳理英语教学思路的过程中，发现在双师教学中存在的突出问题，进行针对性解决，真正为促进双师口语教学质量的提升创造条件。

（3）培养教师的跨学科知识素养

为了增强双师课堂教学内容的丰富性，拓展学生的英语口语学习视野，促进学生跨文化意识的形成，高校英语教师需要培养个人的跨学科知识素养，在跳出个人专业领域教学思维的前提下，以其他知识为视角进行英语口语授课的切入，运用"他山之石，可以攻玉"的思维，提升双师课堂口语教学的高效性。具体言之，教师可以学习多方面知识，比如军事知识、财经知识、娱乐知识、房产知识、体育知识和汽车知识等，在双师课堂中从不同的点切入，达到丰富课堂内容、拓展学生知识、促进学生跨文化意识形成的教学目的。

第三节　大数据技术在英语口语教学中的应用策略

一、学校方面：推动大数据技术在英语口语教学中的应用

（一）建立平台

1.正确认识大数据与英语口语教学之间的关系

高校需要正确认识大数据与英语口语教学之间的关系，并注重从如下几点进行纠正。

第一点，思想。高校领导需要在思想上正确认识大数据已成为现阶段教育教学发展的总趋势，借助大数据将现阶段的教学推向新的高度，改变传统的教学思想。

第二点，理论。高校领导需要学习大数据相关的理论，真正在高校教学过程中，开展针对性的大数据软硬件设施的指导工作，推动本校智慧校园建设，促进大数据与实际教学工作的衔接，创新本校的教学工作。

第三点，实践。在实际的构建大数据与高校教学衔接的过程中，高校领导应注重落实务实的精神，切忌出现推行大数据"一阵风"的状况，真正通过切切实实的行动，将大数据运用在日常的口语教学中，推动学校实际教学方法的更新，推动本校英语教师口语教学能力的提升。

2.提高教师信息素养，为大数据高效运用赋能

在大数据运用的过程中，高校领导应意识到教师是应用大数据教学的主要力量。为了给大数据高效运用赋能，高效领导应提升教师的信息素养，让他们将大数据作为提升个人英语口语教学的一把利器，并推动高校英语口语教学内容的丰富、教学方法的多样。在实际的执行过程中，高校领导可以从如下几点入手。

第一，设置层次化的信息课程教程。为了提高教师的信息素养，高校领导可以通过分层设置信息课程教程的形式，让层次不同的英语教师以个人的实际英语学习状况为依据进行信息技术知识点学习。

第二，培养教师的数据思维。在日常的教学过程中，高校领导应有意识

地培养教师的数据思维，让他们从不同角度积累学生的学习数据、教师的教学数据，并以此为依据设定相应的数据图形，更为直观地发现在口语教学中存在的突出问题，进行针对性地解决，真正发挥大数据的作用。

第三，定期开展竞赛。高校可以在学校开展竞赛，让本校教师以及教学年级组长参与到英语课堂中，并记录任课教师在运用大数据的过程中存在的问题，给予相应的分数，真正让教师重视大数据意识的应用，使他们在课下积极地学习、运用大数据，促进高校英语口语教学能力的提升。

3. 家校互动，促进大数据的顺利推行

为了将大数据最大限度地运用在高校英语口语教学中，高校领导需要实现家校互动，让家长了解到大数据对于提升学生英语学习成绩的重要性，并在得到家长理解的基础上，获得家长的帮助，在家庭创设使用大数据顺利传输的条件，真正通过达成共识的方式，为学生打造大数据化的家庭环境，让他们在家中学习英语口语知识，锻炼学生的英语口语表达能力，促进大数据化高校英语口语教学的有效实施。

4. 建设学校网络，为大数据思维的落实创造客观条件

网络是大数据传输的必要、基础条件之一。为了实现大数据在高校英语口语教学中的应用，高校领导需要建设学校网络，并适时地投入相应的精力、人力、物力和财力。与此同时，高校需认识到现阶段大数据发展现状，并深入分析大数据在未来教育应用中的趋势，并与本校教师、邀请的专家进行商讨，制定具有操作化、规范化以及制度化的网络规划，真正逐步完善本校的校园网络，为大数据在高校英语口语教学中的有效应用创造客观条件。

（二）更新设备

为了推动大数据与高校英语口语的有效结合，高校需要完善硬件设备，引入新型的硬件设备，真正构建沉浸式的英语口语教学课堂，让学生在口语学习中掌握更为规范的英语发音，促进学生英语口语表达能力的提升。在实际的设备更新上，高校可参照如下的建议。

1. 构建多功能教室

为了给大数据技术的高效运用创造条件，高校领导需要结合本校的实

际状况，适时地将资金投入到多功能教室的建设中。具体言之，高校教师可以从如下几点入手，第一点，购买先进的口语教学设备。HY-9900S 型多媒体全数字语音学习系统，利用该语音学习系统具有的产品集成度高、性能稳定可靠、声音实时流畅、音质完美逼真、系统可扩展性强大、超强的数字录音、领先的文本点播、强大的编辑功能、丰富的教学资料等特性，真正将大数据化的英语口语教学落到实处。与此同时，高校领导需要购买相应的配套设施，比如话筒、耳机、鼠标、显示器等。第二点，构建联网机制。通过构建联网机制，高校领导可以让在校师生通过登录本人在校园的账号，实现英语口语教学资源的下载、上传，促进英语口语教学数据的有效运用。

2. 英语口语课堂教学信息化

为了推动高校英语口语教学信息化的实现，高校领导可以构建信息化的英语口语课堂，并注重借鉴如下的方式：方式一，引入硬件设备。高校领导可以引入半学习半"电脑式"的课桌，保证每个课桌上都有一个平板式教学设备。方式二，培养学生运用教学视频的意识。学生可以通过运用此课桌，一方面实现与教师的沟通，尤其是询问教师在英语口语学习中的问题，另一方面能够运用此视频自主学习、浏览英语口语知识，真正享受在大数据背景下英语口语学习的便捷性。方式三，运用学生数据，推动英语口语教学的针对性。英语口语教师可以运用大数据技术搜集学生在英语口语学习中的各种数据，并将这些数据进行分类，比如划分成知识数据、行为数据、心理数据，并综合分析这三项数据，分析学生的学习心理和行为，为后续的英语口语教学提供针对性的数据支撑，提升口语教学的精准性。

（三）培训教师

1. 适应教育发展趋势，培养教师的信息素养

受到信息技术的影响，高校开始进行无线网络建设，让学校朝着智能化发展。为了适应这种趋势，高校需要重视培养教师的信息素养，让教师真正更为全面地加深对信息素养的认知，加深对数据信息的理解。更为重要的是，高校需要培养教师的数据思维，让教师在日常的教学过程中通过网络学习更多的英语口语教学技巧，促进他们综合教学能力的提升。

2.提高英语教师对多功能教室的应用能力

为了让高校英语教师获得对多功能教室应用能力的提升，高校一方面需要通过多种方式，提升教师的网络应用能力，另一方面可以编写相应的教材，开展多种形式的培训活动。比如，高校可以邀请专业的网络人员，让其进行网络授课，促进高校英语教师应用多功能教室能力的提升。此外，高校可以运用"他山之石，可以攻玉"的思维，实施"走出去"战略，派遣本校教师到其他大数据应用能力强的学校学习，使本校教师掌握更多使用技巧，为增强教师的大数据运用能力、提高教师的口语教学水平创造必要条件。

二、教师方面：推动大数据在英语口语教学中的应用

在大数据的应用过程中，教师应注重提升个人对信息技术处理的能力，真正将大数据的优势发挥到高校英语口语教学过程中，让学生充分运用多种感官，感受各种与英语口语相关的元素，加深对英语口语知识的理解，并将所学英语口语知识再次运用在学习中，促进学生英语口语表达能力的提升。

（一）全面性运用

1.从内容入手，提高兴趣

在进行英语口语教学的过程中，教师可以运用大数据，一方面攻克英语口语教学内容中的重难点，将抽象的知识以形象化的方式进行展示，让学生融入相应的情景中，加深对英语口语知识的理解，提升运用能力，另一方面引入更为多元的英语口语知识，比如西方的风土人情、人文知识等，拓展学生英语学习视野，在丰富他们的英语口语学习乐趣的同时，获得良好口语教学效果。

2.从流程入手，提升效率

在英语口语教学的过程中，教师可以运用"先学后教"的思维，真正从学生的角度入手，让学生扮演英语口语学习的主角，使学生在独立学习英语口语的过程中，激发他们的英语口语学习潜能，对英语课堂的学习充满期待。更为重要的是，在正式上课前，高校英语教师可以使用大数据对学生学习的数据进行分析，发现他们在口语学习中存在的突出性问题，并结合学生的实际学习水平合理选择对应的英语学习方法，真正在口语教学的过程中做

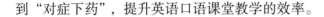

到"对症下药"，提升英语口语课堂教学的效率。

3. 从方式入手，丰富方法

在英语口语教学过程中，教师可以运用网络平台，比如"翼课网"，布置英语口语作业，构建多种形式的英语口语授课形式，比如微课教学、慕课教学、混合教学等，真正满足不同学习水平学生的学习需要，让他们对英语口语学习保持新鲜感，产生英语口语学习的乐趣。更为重要的是，教师注重采用数据技术，对具体教学方法的运用进行全面分析，真正选择最为贴合学生英语口语学习认知区域的授课模式，将英语口语教学效益发挥到最大化。

4. 从环境切入，营造氛围

高校教师可以运用大数据，从营造良好的英语口语教学环境入手，为学生创造良好的英语口语学习氛围，增强口语学习的沉浸感，使他们感受到英语学习的乐趣，并在自由表达、接受指导的过程中，纠正个人的错误，掌握更多的英语口语表达方式。在实际环境营造过程中，教师可以从客观环境和主观环境两个角度入手。在客观环境方面，教师可以应用大数据技术，展示多种信息播放形式，比如声音、文字、图片、视频等，让学生有一种身临其境之感，更好地调动个人的多种感官，比如视觉、听觉、触觉等，激活他们头脑中储存的英语口语知识，更为全面、立体地表达，实现知识由记忆向运用的转化，真正促进学生口语表达能力的提升。在主观环境方面，教师可以设置多种形式的互动环境，通过与学生达到共情的方式，将良好的状态传达给学生，让他们受到教师的感染，投入到英语口语学习中。更为重要的是，针对后进生，教师可以从多种方式入手，比如以语言交流、动作鼓励、眼神肯定的方式，真正让学生感受到教师的关注、关心和关爱，使他们树立良好的英语口语学习情感，全身心投入到口语学习中，更为高效地学习口语知识，从而促进口语教学水平的提升。

（二）全面性备课

1. 运用大数据，搜集、整理备课资料

在传统的备课过程中，教师备课资料的来源主要是课本，以及之前任课教师的教案，这也导致备课资料具有一定的局限性，不利于学生英语口语知识的拓展，造成整体英语口语教学死气沉沉的尴尬局面。对此，高校英语

教师在开展英语口语授课的过程中可以运用大数据技术，集中搜集某一口语知识点，比如发音、语法等，并对这些数据进行整理，选择适合学生学习水平、符合个人教学能力的英语口语数据，从多元数据的角度阐述统一口语知识点，让学生的口语学习思维得到扩展，让他们在日后的口语表达中从更为多样的角度表达论述主题，提高学生的综合表达水平。为此，教师可以运用大数据进行备课资料的搜集，实现学生综合表达能力提升的目的。

2. 使用大数据，学习多种教学手段

在备课的过程中，教师可以运用大数据设置不同的授课方式，让学生感受更多的英语口语学习方法，丰富英语口语课堂呈现形式，让学生持续保持对英语口语学习的新鲜感，从而促进英语口语能力的提升。具体言之，教师可以从英语学习数据时空的两个角度入手：在数据的空间分布方面，教师可从英语口语数据的集中和分散两部分入手。在数据的分散方面，教师可以使用微课、慕课、翻转课堂的形式，向学生传递小范围的英语口语学习数据。在数据的集中方面，教师可以与同事协作，并在专业技术的帮助下，进行口语教学网站、微信公众号、口语微博号的构建，实现口语学习资源的大范围集中，并对这些口语学习数据进行分类整理，真正让学生结合个人的需求学习相应的口语知识。通过大数据，教师可以呈现不同的英语口语授课形式，最大限度地激发学生的英语学习自主性，让他们真正在教师的指导下、同学的帮助中掌握更多的口语知识，从而促进教师备课效果的增强。

3. 采用大数据，构建闭环式的备课模式

在高校英语口语的备课过程中，教师可以使用大数据技术，整理、分析备课过程中的数据，寻找可能出现的问题，并制定相应的数据拓扑图，更为直观地呈现备课中存在的问题，分析其原因，制定合理的解决措施，将此措施运用在下一次的备课过程中，在形成闭环式备课模式的同时，解决备课中的问题，将大数据的优势发挥到最大化，提升备课质量，为增强英语口语教学的有效性创设前提条件。

（1）在编制教案中运用大数据。在进行教案的编制过程中，教师可以从如下三方面运用大数据：一、教案资料的搜集。教师可以围绕英语口语教学的目标、内容，搜集相应的教学资料，并运用大数据技术对上述资料进行整理、归类和分析，选取适合教学实际的英语口语教学资料。二、教案数据的上传。"独教而无友，则孤陋而寡闻"，大部分英语教师已经形成了个人独

有的教案编写模式，往往具有较强的思维定式。对此，教师可以进行教案数据的上传，与其他教师相互分析、学习，跳出个人的教案编写思维定式，真正丰富教案编写的思维。三、教案数据的分享。高校可以构建教案分析模块，让教师之间针对某一教案进行多角度的分析，使他们在交流的过程中拓宽彼此的教案辨析思维形式，学习更多的教案编写方法，提升教师英语口语教学能力。

（2）在实际教学中运用大数据。为了了解教案的教学效果，教师可以运用大数据搜集学生的实际学习状况，并综合分析影响英语口语教学效果的原因，制定相应的策略，真正提升教师的口语教学能力。在实际的落实上，教师可以从如下角度入手。

①课前整理学生的预习数据。在正式开课前，教师可以进行英语口语教学的"预热"，让学生提前学习相应的口语知识，并以作业的方式测试学生的口语学习效果。更为重要的是，教师搜集和分析学生在预习中的数据，为课堂教学提供强有力的数据支撑。

②课中全面地搜集教学数据。在进行课中学习数据的搜集过程中，教师可以运用"微格教室"，通过记录学生口语学习状况、教师教学情境的方式，从全面角度搜集口语教学过程中的数据。与此同时，教师可以运用大数据技术，分析各种数据产生的根本原因，从学生的学习心理以及行为的角度入手，制定相应的英语口语教学策略，真正提升口语教学的精准性，促进学生口语表达能力的提升。

（3）在反思教学中更新大数据。在进行大数据化的英语口语教学过程中，教师需要树立反思意识，通过反思的形式进行教学数据的更新、教学思维的升级，促进高校口语教学质量的提升。在实际大数据更新过程中，教师需要注意以下几点。

①去粗取精。在教案资料的删减过程中，教师需要做到去粗取精，即保留英语教学中精华部分，适时地删减与时代不相符的教学内容、资料以及方式，真正实现教案制定的简洁性。

②与时俱进。在实际的教学反思过程中，教师从多个角度入手，比如学生、技术和教学观念等，真正在教案的制订过程中选择最为接近时代发展趋势的授课方法、思维，并不断将新的教学元素融入口语教学中，比如虚拟现实技术等，真正紧跟时代的潮流，促进个人英语口语教学水平的提升。

③数据更新。教师除了要从教学本质、教学手段入手外，更应注重英语口语教学资源的更新，真正引入最为贴近时代的资源，注重从国内外的社会

热点切入，将英语口语知识应用于现实的生活场景中，让学生在接触国外实际，形成跨文化意识的同时，拓展学生的英语知识应用面，实现英语口语教学效益的最大化。

（三）全面性教学

在运用大数据技术开展口语教学的过程中，教师既要认识到大数据技术的优势，又要构建与个人实际教学能力的连接，即将大数据技术与传统授课形式进行完美融合，一方面可以适应学生英语口语学习的传统思维，另一方面可以将个人的教学优势发挥到最大化，实现新技术与传统教学的完美衔接，提升英语口语教学的全面性。在具体的落实上，高校口语教师可以借鉴如下的方法。

1. 构建互动式小组合作与大数据技术的完美衔接

在小组合作式的口语教学过程中，教师可以运用大数据对各种小组合作教学中的数据进行分析，实现口语合作教学的高效性。在实际的执行过程中，教师可以从如下几点入手。

（1）运用数据进行分组。在进行分组的过程中，教师可以运用大数据统计各种分组的数据，比如以知识厚度、兴趣爱好、成绩表现为依据，进行差异化的分组，充分让学生在小组中发挥个人的专长，实现小组合作口语教学效益的最大化。

（2）设置小组探讨的问题。在设置小组探讨问题的过程中，教师可以运用大数据分析学生的实际学习水平以及他们的兴趣爱好，灵活设置相应的问题。比如，在进行小组探讨问题的过程中，教师运用调查问卷的方式，分析学生爱好，并得出大部分学生喜欢编写剧本和表演的结论。为此，在具体问题设置的过程中，教师应注重让学生以讨论的方式编写剧本，并结合个人的喜好合理选择相应的角色。

（3）开展小组角色划分。在进行小组角色划分的过程中，教师运用大数据分析每一位学生性格以及对英语基础知识的掌握能力，并为他们设置相应的小组角色，比如小组长、执行员、副组长、交流员等。更为重要的是，教师除了划分小组中的角色外，要让学生自主选择剧本中的角色，最大限度地激发学生的口语学习热情。

（4）开展情景剧表演。在进行情景剧表演的过程中，教师让学生通过录制视频的方式展示个人的情景剧表演，并运用大数据分析学生在情景剧表演过程中存在的突出问题，制定相应的策略，解决他们的口语表达问题。更为重要的是，教师采用大数据，搜集与学生表达问题相关的视频，引导他们将个人表达的视频与原汁原味的口语表达视频进行对比，使他们自主发现问题，并独立思考解决问题的办法，真正让学生在此过程中获得口语表达水平的提升。

总而言之，大数据技术为英语口语教学活动的开展提供强有力的数据和技术支撑，更为全面地分析各种教学数据，增强策略制定的实效性，为促进口语教学质量的提升保驾护航。

2. 搭建任务驱动法与大数据技术的衔接

在进行任务驱动法教学的过程中，教师可以从大数据特点出发，将大数据技术运用在任务驱动教学法的方方面面，真正实现对学生学习情况、教学结果以及实际教学数据等方面的有效分析，为推动任务驱动法教学效率的提升，增强学生综合口语表达能力创造条件。在实际的落实上，教师可以将大数据技术应用在任务驱动教学法的如下四个环节中。

（1）任务划分。任务驱动法教学的方式是将一个大任务划分成无数的小任务，注重各个小任务之间的衔接性和逻辑性。在具体的英语口语任务划分的过程中，教师注重从实际的英语口语教学目标以及具有的优势入手，让每一位学生"领到"可以发挥所长的英语口语学习任务，并在此过程中真正锻炼他们的口语表达水平。

（2）彼此交流。在执行任务的过程中，师生、生生之间需要进行交流，一方面反馈在任务执行过程中出现的问题上，另一方面相互协作、促进最终任务的解决。在实际的交流过程中，教师可以运用大数据技术构建彼此交流的平台，实现生生、师生之间的有效互动，真正在营造良好口语学习氛围的同时，促进口语交流问题的解决，让学生在受到鼓励的同时，以更为阳光的心态融入英语口语学习的过程中，促进整个英语口语教学质量的提升。

（3）实行监督。在口语任务的执行过程中，教师让大部分学生将任务解决过程放在网上。与此同时，教师运用大数据技术，跟踪学生在英语口语学习过程中的痕迹，实现有效、实时的动态监督。更为重要的是，教师根据具体搜集的数据，分析学生的实际英语口语学习水平，适时地与学生沟通，帮助学生解决他们在口语学习中的问题。除此之外，教师观察在执行学习任务的学生的配合状况，及时发现他们在配合中存在的问题，及时承担"沟通者"的角色，促进最终口语学习任务的完成。

（4）量化考核。在实际的量化考核过程中，教师可以运用大数据从学生口语任务执行状况以及最终的结果入手进行相应的考核，并真正运用大数据技术，让学生了解个人在口语学习中存在的突出问题，使他们的口语学习更具有方向性，这也让学生在口语学习的过程中运用旧口语知识，学习新口语知识，发现、解决口语学习中存在的问题，最终达到教学目的。

三、学生方面：推动大数据在英语口语教学中的应用

（一）加强学生的思想道德建设，构建大数据运用的道德底线

在大数据运用的过程中，学生需要面临纷繁复杂的信息数据环境。针对这种状况，学生需要提升个人的道德水平，切忌在网络中使用污言秽语，坚持"不传谣""不造谣""不信谣"的原则。与此同时，学生需加强对网络安全的认识，文明查询信息，真正将大数据运用在日常的生活、工作和学习中，严格尊重网络道德底线。除此之外，学生需要树立正确的信息应用意识，克服在日常信息应用过程中的恐惧心理和畏难心理，享受搜集信息解决实际生活问题的乐趣，形成正确的信息应用思维。

（二）具备基础的信息技术能力

学生为了更为高效地运用大数据，需要具有一定的信息技术基础。学生需要具备基础的信息技术原理、排除场景信息技术应用故障能力、使用基础计算机软件能力以及计算机程序的应用能力。

（三）培养信息素养

在大数据应用过程中，学生需要拥有较强的信息素养。在实际的论述中，笔者主要运用简图介绍提升学生信息素养的各个方面内容，如图 5-4 所示。

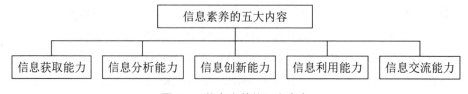

图 5-4　信息素养的五大内容

1. 信息获取能力

在日常大数据学习的过程中，学生需要具备信息获取能力，即通过多种

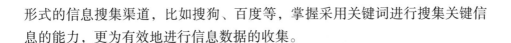

形式的信息搜集渠道，比如搜狗、百度等，掌握采用关键词进行搜集关键信息的能力，更为有效地进行信息数据的收集。

2. 信息分析能力

学生需要掌握信息分析能力。在信息分析的过程中，学生一方面需要分析信息的真假性，另一方面要能够进行信息的筛选，选择具有实用性的信息，并通过实际操作的方式验证信息的真伪性。

3. 信息创新能力

学生需要具备信息创新能力。学生在进行信息加工的过程中，需要对现有信息进行整理、分类、归纳、联想，挖掘出现有信息的隐藏信息，真正探索出各个信息之间的逻辑联系，挖掘信息背后的本质，并合理地对现有信息进行创新。

4. 信息利用能力

学生需要具有利用信息的能力。在现实的口语学习的过程中，学生会面临很多的口语学习问题，但是无法及时得到教师和同学的帮助。对此，学生需要具有利用信息的能力，即在网络上搜集与英语口语问题相关的资料，并进行大量的阅读，寻找解决个人在口语学习中的突破口，真正解决口语学习中的问题，真正将信息技术应用能力运用在口语教学过程中，发挥信息技术的优势。

5. 信息交流能力

为了培养学生的信息交流能力，让他们进行多层次的交流，教师在日常的大数据背景下的英语口语教学过程中，可尝试从如下角度入手。

（1）组织辩论赛。为了锻炼学生的口语表达能力，提高他们的沟通技巧，让学生更为全面地运用各种与英语口语相关的信息进行沟通，教师可以组织英语辩论赛，实现全英文式的交流模式。具体言之，教师可以设置相应的辩题，让学生在课下运用信息技术搜集与辩题相关的信息，并运用个人掌握的英语知识进行表述。在组织辩论赛的过程中，教师可以设置相应的评价模式，注重对学生在信息交流中存在的问题进行针对性指导，让他们掌握更为科学的信息交流形式，促进学生信息交流能力与教师口语教学水平的双重提升。

（2）建设英语口语博客。在提升学生信息交流能力的过程中，教师可以与学生一起进行英语口语博客的建设，并在此过程中进行多角度的交流，真正提升学生信息的交流能力。在实际的落实过程中，学生可以使用博客记录个人的成长，以及生活中的点点滴滴，并对这些内容进行深度思考。更为重要的是，学生可以运用信息技术，对这些积累的内容进行英文翻译，并从英语的角度纠正其中存在的错误。在完成上述内容后，学生可以动情地朗读这些内容，并配上相应的背景，这些背景可以是声音、视频等。与此同时，教师组织学生进行分享，让他们交流在信息搜集、整理过程中面临的问题，进行针对性解决，真正实现信息的有效交流，促进他们口语表达能力的提升。通过运用博客记录个人的成长，学生可以最大限度地运用信息，实现英汉转化，并在动情地朗读中获得口语表达水平的提升，促进他们信息交流能力的增强。

第四节　口语测评技术在英语口语教学中的应用策略

一、运用口语测评技术，开展小组英语口语教学

在英语口语教学的过程中，教师需要了解口语测评技术产生的原理，为后续有效进行英语口语教学打下基本的技术认知，并在此基础上，促进口语教学质量的提升。在实际的口语教学过程中，教师可以运用口语测评技术对整个班级学生的口语状况进行测评，并将存在同一问题的学生划分到同一小组，让他们探讨问题的解决办法，并再次投入到测试过程中，真正借助小组的力量开展英语口语练习，提高学生的口语表达水平。在实际的落实上，教师可以借鉴如图 5-5 所示的流程。

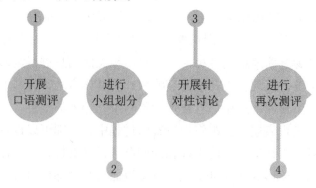

图 5-5　小组合作口语测评流程

（一）开展口语测评

在口语测评的过程中，教师利用口语测评技术具有的大容量优势，在短时间内对本班学生进行口语测评，了解本班学生存在的不同口语表达问题，并进行具有针对性的小组划分。

（二）进行小组划分

除了需要关注学生的共性口语表达问题外，教师可以在小组划分的过程中遵循"组间同质，组内异质"的原则，并在此过程中，充分尊重学生英语学习的主观意愿，实现小组合作的高效运行。

（三）开展针对性讨论

在进行讨论的过程中，教师根据学生在英语口语测评中常见的问题，让他们借鉴口语测试技术给出建议，进行针对性的实施，使学生真正在此过程中不断纠正、解决口语表达中出现的问题，提升学生口语表达的精准性。

（四）进行再次测评

在再次测评的过程中，教师再次引入相应测试系统，并将学生第一次测试的数据与第二次测试的数据进行对比，寻找两者之间的差异，通过大数据分析的方式，了解学生在小组讨论和练习中解决问题的状况。此外，教师以此数据为依据，与学生进行针对性沟通，真正以数据和实际讨论状况为依据分析个人在口语教学以及学生在口语学习中存在的问题，制定对应的策略，真正让整个口语教学更具有精准性和针对性。通过引入口语测评技术，教师真正以学生的口语测评问题为依据，设置相应的授课模式，使他们最大限度地获得口语表达水平的提升，增强口语教学的有效性。

二、采用混合教学法，提升学生英语口语学习的自主性

在口语测评技术的应用过程中，教师可以采用混合教学的模式，向学生推送免费的口语测评小程序，让他们在课下进行自主测评。在此之后，教师使用大数据分析学生在口语测评中存在的问题，在结合学生实际英语口语学习水平的基础上，合理设置课堂授课模式，真正让学生带着问题走入英语口语学习中，调动他们的学习能动性，获得良好的口语教学效果。在混合式教学法使用的过程中，教师应注重从如下几点入手。

（一）推送英语口语测试练习小程序

在进行口语练习的过程中，教师向学生推送"流利说"这款小程序，让学生在不断闯关的过程中，纠正个人不良的口语习惯。与此同时，教师使用多种形式的通信工具，了解学生在课下的英语学习状况，比如存在的问题，或是已经掌握的知识等，并运用大数据技术，对学生整体的英语学习状况进行分析，寻找合适的课上授课方法。

（二）合理进行课堂教学

在进行课堂教学的过程中，教师为了更为全面地了解学生的英语口语锻炼状况，运用本校的智慧教室设置不同的场景，比如家庭场景、商务场景、聚会场景等，让学生融入不同的场景中，进行针对性表达。更为重要的是，教师运用大数据统计学生在英语口语表达中经常出现的问题，并结合学生的实际英语口语学习水平，以及实际的授课目标，进行针对性口语教学方法的调整。比如，针对本课教学中学生常见的口语错误，教师可以利用如下的句子，让学生进行对比，发现其中的错误，比如让学生思考大雨如何表达：是"big rain"正确，还是"heavy rain"正确？通过这种常见的生活化的举例，教师一方面帮助学生解决常见的口语错误，另一方面让他们真正重视夯实个人的英语学习基础，使他们更为标准规范地表达，从而促进口语教学质量的提升。

总之，在进行口语教学的过程中，教师应充分运用多种口语测试程序，开展混合式教学，结合学生的实际口语表达效果，进行针对性指导，促进学生口语表达能力的提升，获得良好的口语教学效果。

三、巧用口语测评技术，开展情景剧表演

在口语教学过程中，教师可以摆脱传统口语教学的枯燥无味，真正引入具有趣味性的授课模式，让学生更为积极地表达，并通过口语测评的方式最大限度地发现学生在口语表达中出现的问题，进行针对性调整。更为重要的是，教师可以运用相应的口语测评程序，将学生表达错误的句子与表达正确的句子进行对比，让他们真正在表达过程中掌握相应的口语表达规则，增强学生口语表达的准确性。在实际的落实上，教师为了调动学生的表达热情，引入角色扮演方式，让学生在扮演相应角色的过程中进行针对性表达，并运用口语测评程序对学生的表达进行纠正，提高他们的口语表达水平。具体的

教学执行步骤如图 5-6 所示。

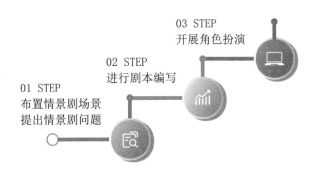

图 5-6　教学执行步骤

（一）布置情景剧场景，提出情景剧问题

教师引入《罗密欧与朱丽叶》的场景，激发学生的兴趣。与此同时，教师引导学生思考如下的问题：假如罗密欧没有死，他想拯救朱丽叶。然后，让学生进行后续内容的编写，并合理选择相应的口语对话句子。

（二）进行剧本编写

在学生进行剧本编写的过程中，教师走入学生中，和学生探讨后续的剧情发展，并为学生提供针对性的口语方面的指导，让他们融入剧本编写的过程中。

（三）开展角色扮演

值得注意的是，在学生角色扮演的过程中，教师有意识地将口语检测软件应用在学生的对话中，并录制学生的对话，进行针对性的打分。此外，教师注重使用大数据统计学生在口语表达中的错误，并合理调整教学的内容和方法，真正在此过程中解决学生在口语表达中的问题。

总之，在运用口语测试程序进行口语教学的过程中，教师可以从语境入手，让学生结合现有的语境合理续写后面的内容，并进行相应的人物扮演，真正使他们运用英语口语知识表达个人的看法。更为重要的是，教师运用口语检测技术，发现并解决学生的口语表达问题，增强学生口语表达的准确性。

第六章 英语口语教学网络技术应用实践创新案例研究

本章主要探讨如何将 VR 技术、网络互动平台功能模块、教学资源平台、口语自动测评技术运用在实际的英语口语教学中，并结合实践创新案例进行了研究，以期让学生在享受现代技术便利的同时，促进教师英语口语教学质量的提升。

第一节　VR 技术在英语口语教学中的实现

一、运用 VR 技术，激发学生的英语口语学习兴趣

（一）营造语境情景，激发学生学习兴趣

为了让学生感受到英语口语学习的乐趣，教师可以运用 VR 技术，营造相应的情景，让学生真正融入其中，激活他们头脑中储存的英语口语知识，促进其自主构建个人知识与口语知识的连接，真正让学生独立学习更多的口语知识，并在表达的过程中将这些知识进行强化，从而感受英语口语学习的乐趣，真正想学习口语知识。在实际的落实上，教师可从如下角度入手。

1. 引入文化误解实例

例如在学习"Cultural Difference"这部分内容时，教师可以借助 VR 技术引入趣味性的情景（如跨文化交际的误解场景），通过生动有趣的文化误解实例，激发学生的学习兴趣。

2. 调动学生学习兴趣，引入教学内容

在学生兴趣被充分调动后，教师就可以适时地讲授正确的文化背景，并播放沉浸式的视频，让学生在观看视频的过程中更为深入地理解文化内容。与此同时，教师提出如下问题，让学生思考。

（1）What is cultural difference ?

（2）Have you had embarrassing moments due to cultural difference ?

（3）What will you do if you have cultural difference between you and foreign friends ? Will you point it out directly or skip it ?

通过设置这些问题，教师能够让学生真正融入文化知识的学习中，并在观看视频的过程中真正感受到中西方文化在思维方式以及心理层面的不同，促进学生正确文化意识的形成。更为重要的是，教师将本节课讲解的文化知识重点渗透到 VR 视频中，能够让学生更为直观地了解西方文化，让他们以西方思维的方式进行口语化的表达，实现口语教学的高效性。

3. 开展人机对话

在学生理解此部分知识后，教师就可以开展人机对话，让学生戴上专业的 VR 设备，并扮演其中的角色，使他们在与机器对话的过程中更为深入地加深对西方文化的理解，让学生更好地运用本堂课所学到的知识来解决相应的问题，享受英语口语表达的乐趣。

4. 进行评价

在对话评价的过程中，教师切忌从对话考核的角度入手，而应从学生已掌握的知识水平以及他们的学习心理切入，考虑他们在接受评价后的主观感受，提出针对性的建议，让学生在后期的英语口语学习中更具有方向性，掌握必要的西方思维方式，扫清他们在口语表达中的障碍。

总而言之，在英语文化知识的教学过程中，教师通过引入 VR 技术，设置相应的场景，调动学生的各种感官，让他们真正融入其中，更为深切地感受英语文化，促进学生跨文化意识的形成，可以为其未来的英语口语学习铺平道路，提升整体的口语教学效果。

（二）开展跨学科学习，让学生学会学习

在跨学科学习的过程中，英语口语教师可以从教学实际入手，与任课教师进行协商，让其他任课教师参与到英语口语课程的设置、实践中。与此同时，高校英语教师需要为学生提供充分自由的学习空间，让他们在课下完成英语口语知识的学习，并在课上进行针对性的运用。更为重要的是，教师可以将 VR 技术合理运用在相应的 VR 沉浸课程方案中，如学校电教室、双通道环幕教室、VR 一体机教室等，布置跨学科式的对话场景，真正让学生融

入对应的情境中，更为主动地进行交流，为实现更为有效的跨学科学习创造条件。我们以教师将体育与英语口语授课进行融合为例，在实际的执行过程中，可以参照以下的步骤执行（图 6-1）。

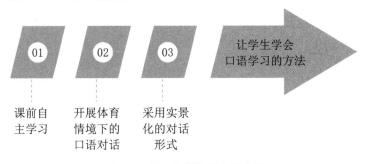

| 01 | 02 | 03 | 让学生学会口语学习的方法 |

课前自主学习　开展体育情境下的口语对话　采用实景化的对话形式

图 6-1　实际教学课程步骤略图

1. 课前自主学习

教师可以让学生自主搜集英国体育课程的授课步骤，并寻找在英语口语对话中体育的专用名词以及固定句型，让他们在课前学习这些英语口语知识。

2. 开展体育情境下的口语对话

教师可以结合本校的实际状况，选择不同方式的 VR 沉浸课程实施方案，让学生灵活选择对应的授课方案。更为重要的是，教师可以在对应的课程方案中融入英国体育课程的场景，让学生通过个人在课下积累的口语知识，与场景中的虚拟人物进行针对性的对话。值得注意的是，教师可以设置相应的纠正程序，即借"虚拟人物"之口，纠正学生在口语表达中的错误，真正提升学生的口语表达水平。

3. 采用实景化的对话形式

教师为了进一步巩固学生的英语口语学习成果，可以采用实景化的对话形式，即引入双通道环幕教室，组织学生进行两两对话，让学生真正在对话的过程中了解更多英国体育课程注意事项，尤其是其中涉及文化的内容，让学生获得口语知识的再次强化，提高学生的口语水平。

总之，在进行跨学科的口语教学过程中，教师使用 VR 技术，制定不同的沉浸式课程方案，让学生在灵活选择的基础上，进入不同的体育学习场景中，与场景中的"虚拟人物"进行对话，让他们真正在实践的过程中加深对英语口语知识的理解，提升其运用能力，使他们学会学习。

（三）打破固定课时，让学生善于学习

在 VR 技术英语口语课堂的构建过程中，教师可以引入混合式教学模式，针对学生在口语学习中存在的问题集中进行针对性的讲解。更为重要的是，为了让学生真正掌握英语口语学习方法，教师可以让学生进行自主学习，并在课堂上展示相应的学习成果，通过对学生进行针对性指导，让他们真正掌握更多的学习方法。在实际的落实上，教师可以借鉴如下的步骤。

1. 设置学习方案

在此部分内容的授课过程中，大部分学生在英语口语学习过程中存在经常性的时态表达错误，对此，教师可以设置让学生在课下学习英语时态知识的方案。在具体的教学实践过程中，教师要指导学生充分运用校园资源库，使他们的学习更具有方向性。

2. 开展线上学习

在线上学习的过程中，教师可以设置线上沟通平台，让学生在此平台上进行英语口语的交流，解决彼此在独立学习中存在的问题。此外，教师还可以让学生运用 VR 技术，以对话的形式进行线上的学习。

3. 展示学习成果

再次上课后，教师就要鼓励学生展示英语口语学习成果。教师可以让学生使用 VR 技术，合理选择相应的对话场景，与虚拟人物进行对话，让学生通过对话的形式展示不同语境下不同时代的对话，夯实他们的语法技术，为提升学生的口语表达能力提供助力。

总之，在打破固定课时，开展英语口语对话的过程中，教师需要让学生运用 VR 技术，展示个人的学习成果，真正在不同的语境下灵活运用语法知识，提升整体的英语口语教学质量。

二、运用 VR 技术，学习语言与文化

在进行口语教学的过程中，教师可以运用 VR 增强技术，再现生活中对话的场景，尤其是再现英国、美国实际交流的场景，让学生沉浸其中，实现与 VR 技术中虚拟人物原汁原味的交流，让学生更为直观地感受对话场景，实现

语言与文化学习的高效性。在实际的教学过程中，教师可以从如下几点入手。

（一）介绍教学场景

在此部分内容的教学过程中，教师应注重引入中国过春节与西方过圣诞节时的场景，让学生在此过程中了解中西方文化的不同，并适时地渗透相应的口语教学知识，真正让学生在此基础上进行更为精准的表达。

（二）学习口语知识

在口语知识的教学过程中，教师应注重引入互动模式，让学生在与"虚拟人物"一次次互动的过程中使所掌握的口语知识得到进一步的强化，为后续教学的开展奠定基础。

（三）开展口语练习

在实际的开展口语练习的过程中，教师可以引入增强 AR 技术，引入"真人版"对话，让学生在与"真人"进行交流的过程中掌握相应的口语知识，锻炼他们的口语表达水平。具体言之，在实际的操作过程中，教师要为每一位学生编排相应的角色，并让他们针对自己的角色要求编写相应的句子。更为重要的是，教师要注意引入美国或是英国的对话场景，让学生真正融入其中，以西方思维进行语言的表达。

（四）开展教学总结

在开展教学总结的过程中，教师应注重从学生在表达的过程中存在的优势和劣势两方面入手，一方面让他们了解自己在模拟对话过程中的优势，另一方面针对学生在表达中存在的问题进行针对性指导，实现口语教学的高效性。

三、运用 VR 技术，完善考核机制，激发学生英语口语学习的能动性

在英语口语考核过程中，教师可以运用 VR 技术，考查学生在口语表达中的问题，并结合学生在此过程中出现的问题，进行针对性的评价，提出针对性的建议，让学生在教师的指导、同学的帮助下，掌握必备的英语口语表达技巧，逐步获得学习英语口语的自信，激发他们学习的能动性。在具体实施的过程中，教师可以从如下几点切入。

（一）树立正确的考核观

在实际的考核过程中，教师需要让学生树立正确的考核观念，通过考核的方式让学生发现自身口语表达中存在的问题，并在改正问题的过程中逐渐树立起学习英语口语的自信，更为积极地融入其中，激发他们学习的能动性。

（二）进行自我考核

在考核过程中，教师可以让学生进行自我考核。在实际的自我考核过程中，教师可以从如下二点入手：第一点，录制个人考核视频。教师可以让学生运用 VR 技术，与虚拟人物进行对话，同时录制个人考核视频，依照相应的口语考核标准进行自我评价。第二点，寻找问题。学生在观看个人考核视频的过程中可以发现自己在口语表达中的问题，然后就可以建立表达的思维导图，提出针对性策略。

（三）开展他人考核

教师可以使用 VR 技术，让学生进行两两之间的对话，通过对话的形式，进一步暴露学生在表达中存在的问题，并提出针对性的建议，让被考核的学生在其他学生的建议下，纠正个人在表达中出现的错误，并给予相应的分数。

第二节　网络互动平台功能模块在英语口语教学中的实现

一、双师课堂在口语教学中的要求

（一）对教师的要求

1. 规范讲师和教师的行为

通过规范讲师和教师的行为，高校可以提升讲师和教师的协调配合度，让讲师和教师之间开展协作，互相帮助，打造高效的双师课堂，促进学生口语学习能动性的激发，提升课堂教学质量。

（1）规范讲师的行为。讲师在口语教学的过程中，需要与英语教师进行配合，尤其是在课前、课中、课后三个阶段进行全方位的配合，并明确做好教学的分工，真正实现双师课堂构建的透明化、协调性和高效性。规范讲师的行为主要可从如下几点入手。

①问题搜集工作。讲师需要与教师进行全方位的沟通，搜集讲师与教师在课程实施过程中可能出现的问题，并共同商讨制定相应的解决方案，真正让讲师与教师之间相互配合，促进双师课堂口语教学质量的提升。

②职责划分工作。讲师与教师通过沟通的方式可以协调好各自在双师课堂构建过程中扮演的角色，明确各自在口语教学中的工作内容和职责范围，以实现双师课堂口语教学过程中的相互配合，将口语知识最为高效地向学生传递，实现口语教学效益的最大化。

③教学协调工作。在进行英语口语教学前，讲师可以将备课的教案以及课件直接发送给教师，让教师了解讲师的授课思路，并积极地让教师提出个人存在的问题，实现有效的实时互动，真正制作出最适应讲师和教师思路的英语口语课件，提升英语口语教学的有效性。

（2）规范教师的行为。

①树立协作意识。在双师课程的构建中，教师需要树立协作意识，发挥辅助性角色的作用。比如，在学生产生疑问时，教师要扮演好学生与讲师之间协调者的角色，积极地顺着讲师的思路，对学生的疑问进行指导，及时解决他们在口语学习中遇到的问题，使学生更为积极地跟随讲师的脚步进行口语知识的学习。

②做好预见工作。高校英语教师可以做好预见工作，为讲师提供必要的学生学习数据。在实际操作过程中，教师可以将讲师制作的课件发送给学生，让学生提前学习相应的英语口语知识，统计他们在口语学习中遇到的问题，并向讲师发送相应的数据，让讲师更为全面地了解本班学生的学习状况，合理预见授课时可能出现的问题，辅助讲师进行针对性的课程调节。

③做好配合工作。在双师课堂教学过程中，教师要做好与讲师的配合工作。具体言之，教师可以一方面在开课前向讲师汇报本班学生的英语口语水平，辅助讲师加深对本班学生学情的认知，设置符合学生学情的英语口语课件；另一方面，在课程结束后向讲师发送本班学生的英语口语测试结果，并向讲师提供针对性的教学建议，为下次教学工作的顺利开展奠定基础，做好与讲师的配合工作。

（3）具体教学中对讲师和教师的要求。没有规矩不成方圆，在双师课堂的构建过程中，讲师和教师需要遵守相应的规则，并充分结合个人教学优势以及学生的学习水平，灵活开展英语口语授课，真正达到增强学生口语综合表达能力的目的。在实际的教学中，为了更为直观地展示，讲师和教师可参照开展双师课堂的要求，如图 6-2 所示。

①合理选择双师课堂授课模式。在双师课堂的构建过程中，讲师需要结合实际，开展不同形式的双师合作模式。在进行不同学科背景的英语口语授课时，教师可以灵活选择多种双师课堂教学模式，如主题式、互助式、联合式、互补式等。在进行实践性内容的教学时，教师可以选择"主导＋辅助"的模式，也可以采用互补式的模式。在进行远方位的教学时，教师可以选择远程式双师课堂模式。

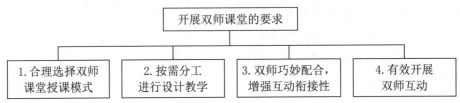

图 6-2　开展双师课堂的要求

②按需分工进行设计教学。为了实现科学的分工，讲师需要遵循一定的依据。具体言之，可借鉴如下分工依据。首先，以特长为分工依据，讲师通过与教师沟通的方式，发现彼此的特长，在双师课堂的建设中，充分发挥各自的优势。其次，以内容为分工依据，讲师可以与教师进行协商，对英语口语教学内容进行结构优化，在保证教学内容具有逻辑性的同时，对教学内容进行合理划分。最后，以角色为分工依据，既要按照实际的双师课堂规则进行合理分工，又要结合实际的状况，灵活进行角色的分工，促进双师课堂教学问题的解决。

③双师巧妙配合，增强互动衔接性。有效的互动是构建高效双师课堂的重要元素之一。在实际的操作中，讲师可以在教学的导入、授课、结束等环节，与教师进行互动，注重互动的灵活性和逻辑性，实现教学内容和方式的有效衔接，增强交互设计的高效性，实现双师巧妙配合，增强互动的衔接性。

④有效开展双师互动。在进行师师互动的过程中，教师要和讲师进行互动，增强二者之间的互动频率，比如答疑与解惑。为了提升互动的频率，教师在授课过程中需要合理开展教学，灵活选择授课案例、教学方法等，突出学生在口语学习中的主体地位，真正激活学生的思维，促进他们口语表达能

力的提升。

（二）对学生的要求

1. 课前准备

在双师课堂的学习过程中，教师需要凸显学生在口语学习中的主体地位，真正让学生主动参与到英语口语的学习过程中。为了提高学生的口语学习能动性，教师可以对学生提出如下要求。

（1）复习旧知识，学习新知识。在进行双师课堂学习前，学生可以提前复习旧知识，学习新知识，构建旧知识与新知识的链接，促进其英语口语知识体系的构建。与此同时，学生可以提前观看讲师制作的口语教学课件，对口语知识进行全方位的认知。

（2）梳理口语知识，圈出学习问题。在进行双师课堂学习之前，学生需要独立梳理口语知识，将这些知识以个人的实际学习情况为依据，划分成已掌握的口语知识、完全不懂的口语知识、存在疑惑的口语知识三部分。值得注意的是，学生可以在课前运用互联网解决一部分存在疑惑的口语知识。

2. 课中互动

课中互动的目的：一是解决课前预习中的问题，二是学习新的口语知识。为了实现这些目的，学生需要积极地与教师互动。在实际的执行过程中，学生可从思索、表情、记录、表达四个角度入手。

在思索方面，学生需要思索教师口语知识结构如此设置的原因，将个人掌握的知识结构与教师设置的知识结构进行对比，实现个人英语口语知识的系统化。

在表情方面，学生可以通过表情的方式反馈实际的学习成果。针对已经掌握的知识，学生可以露出微笑的表情。针对未掌握的知识，学生可以露出疑惑的表情，实现与教师的积极互动。

在记录方面，学生需要迅速记录个人没有想到的内容，尤其是记录可以解答个人口语知识疑问的笔记，真正解决个人在口语学习中的问题，获得口语学习的成就感。

在表达方面，学生可以表达口语学习中的疑问，也可以回答教师提出的问题，通过与教师互动的方式发现自己在口语学习中存在的问题，并在教师的指导下解决口语学习中的问题，以其正确的口语表达作为结束标志。

3. 课后反思

在英语口语学习结束后，学生可以整理学习成果并对其进行多角度划分。针对其中存在疑问的口语知识，学生可以通过多种方式解决这些问题。方式一，再次复习英语口语课件。为了掌握存在疑问的口语知识，学生可以从英语课件中寻找对应的答案。方式二，请教他人。学生可以通过请教他人的方式，比如线上与教师交流、与学生沟通等，解决口语学习中的问题。方式三，发送邮件。学生可以通过发送邮件的方式向教师请教，解决口语学习中的问题。

二、双师课堂在口语教学中的设计

（一）课前准备阶段

在课前准备阶段，高校英语教师需要做好充足的准备工作。具体言之，教师需要从如下三方面入手。首先，研究讲师的教学课件，并分析其中的英语口语内容以及讲师的教学思路，为更好地开展双师课堂教学奠定基础。其次，深入分析教学内容。在分析内容的过程中，教师需要结合讲师制作的课件，加深对英语口语教学内容、教学目标、教学设计的认识。最后，向学生发送讲师教学课件，并统计学生在独立学习过程中存在的问题，将这些问题反馈给讲师，提出个人的见解，与讲师探究新的授课方式和思路。

（二）课中教学阶段

在课中阶段，讲师是英语口语课堂的主角，教师起到辅助作用，这也是双师协作，提高整体英语口语水平的关键环节。在此部分内容的执行过程中，讲师要完成的内容是，在导入阶段渲染气氛，调动学生学习兴趣，并与学生一同复习旧知识，引入新知识，开展课堂教学。在课堂教学过程中，教师需要积极配合讲师的教学，为讲师教学提供必要的辅助，解决现实课堂授课中随时出现的问题。与此同时，学生需要充分运用眼、耳、口等多个器官与讲师进行互动，让讲师根据学生的反馈，灵活调整课堂教学内容和节奏，获得良好的教学效果。

（三）课后反思和辅导

在课后反思的过程中，教师可以运用大数据系统统计学生在课前、课中以及课后三个阶段的数据，并与讲师一起分析学生学习的结果，以及造成这种结果的原因，提出针对性的解决措施。在此，值得注意的是，在分析学生英语口语学习结果的过程中，教师需要与学生进行直接交流，了解他们在双师课堂学习中的所思所想，将学生的观念纳入具体的结果分析中，寻找提升双师课堂教学效果的策略。除了教师进行反思以外，教师也要让学生进行反思，让他们从情感、态度和方法三个角度入手，反思、解决个人在英语学习中存在的问题，并进行针对性纠正。更为重要的是，教师可对最终反思结果进行总体反思，并将最终反思成果运用在下一次的双师课堂构建中，形成良性的闭环控制。

三、双师课堂在英语口语教学中的实现

在双师课堂的构建过程中，教师需要树立全面的思维，从课前、课中、课后三个阶段入手，关注教学中的细节，真正将双师课堂教学效益发挥到最大，提升学生的英语口语表达水平。在实际执行过程中，教师可以参照如图 6-3 所示的内容。

图 6-3　双师课堂实现的步骤

（一）课前准备

在课前准备过程中，教师可以从如下几个角度入手：一、复习旧知识，引入新知识。教师与讲师相互配合，引入趣味的发音情景，激发学生的兴趣，在让学生复习旧知识的同时，引入新的英语口语知识。二、讲师讲授发音技巧，教师结合学生的回馈进行针对性指导，尤其注意关注基础薄弱学生的学习状况，进行针对性指导，让更多的学生紧跟讲师的思路。

（二）课中练习

在课中练习阶段，讲师可以运用 VR 技术，布置相应的发音场景，并布

置闯关式的英语口语学习方案，让学生融入其中，并在一次次闯关练习的过程中使自身的发音更为标准。与此同时，教师要与讲师积极配合，在进行难度较大的闯关游戏时，有意识地进行相应内容的提示，让更多的学生融入其中，积极地与讲师和网络设备进行互动，提升整体的英语口语教学水平。

（三）课后反思

在课后总结的过程中，教师要与讲师进行有效沟通，并结合学生在游戏过程中存在的突出问题，共同研究解决的方案。与此同时，教师要采用多种方式，了解学生的英语口语学习问题，如微信、网上答卷等，真正从根源入手设置相应的解决方案，促进学生问题的最终解决，获得良好的英语口语教学效果。

第三节　教学资源平台在英语口语教学中的实现

一、教学资源平台的架构组成

（一）具备大数据思维的教师

英语口语教师是开展英语口语教学的重要性因素之一，是提升英语口语教学的关键性因素。在教学资源平台的构建过程中，英语口语教师是其中重要的构成部分，大数据思维是其必须具备的。

1.教师的必备元素之一：大数据思维

大数据思维是教师必须具备的。教师一方面需要具备这种思维，另一方面需要将这种思维运用在教学资源平台的构建过程中，并注重从教学实际的角度完成英语口语教学。具体言之，具有大数据思维的教师需要具备如下三方面的特征。

（1）凸显以学生为本的特性。为了了解学生，为他们提供精准的英语口语学习资源，促进实用性教学资源平台的构建，教师需要从学生的角度入手。在实际的执行过程中，教师可以运用大数据分析学生英语口语学习的各种数据，比如学生外在的数据、学生接受不同英语口语知识的外在表现，还有表情、动作等，分析学生这些外在动作背后的心理动机；又如学生在英语测试中的成绩，其中英语口语表达的突出性问题，分析造成这些问题的原因，制定相应的策略；等等。可以通过对学生学习数据的分析，结合他们存在的口语学习问题，构建解决学生英语口语学习问题的教学资源平台，真正促进学生口语表达能力的提升。

（2）凸显整合特性。在互联网上有各种各样的英语教学数据，各个数据之间的联系性相对较弱。在进行英语口语教学资源的整合过程中，教师需要具有大数据思维，并运用大数据思维进行英语口语教学资源的整合。在实际的整合过程中，教师需要按照相应的依据进行针对性整合。比如，以英语口语课程教学目标为标准进行英语口语资源的整合，将此教育平台划分成如下模块：口语交际模块、跨文化意识培养模块、情景交流模块、生活化问题探讨模块、"语法＋语调＋语音"模块、语言运用模块等。通过进行这些英语口语教学资源的整理，教师可以实现英语口语教学数据的系统化、层次化以及逻辑化，方便学生结合自身的英语口语学习需要进行针对性的口语学习，充分发挥大数据的优势。

（3）凸显共享特性。除了对英语口语数据进行整理外，还需要将这些口语教学数据进行分享，让这些数据插上思维的翅膀，为更多的英语口语教学服务。与此同时，教师可以将个人的英语口语教学课件以及制作课件的看法发布到教学资源平台上，并设置下载栏和交流栏，一方面让更多的师生进行下载，另一方面构建交流的空间，实现师生与师师之间的有效交流，使得下载英语口语教学文件的教师可以在交流的过程中学习更多的英语口语教学方法，也能最大限度地发挥英语口语教学资源的积极作用。

2. 教师的必备元素之二：运用大数据思维的能力

具备大数据思维的最终目的是运用大数据思维。随着我国线上教育的飞速发展，学生开始运用多种线上工具进行英语口语的学习，并留下了相应的学习数据，如学习内容、学习时长、师生互动状况等。这些数据对于教师教学的重要性不言而喻。为此，教师需要具备运用大数据思维的能力，真正对学生在网络中留下的学习数据进行深入的分析、解读和判断，实现对学生线上英语口语学习的全面性认知，并制定相应的教学策略，真正发挥学习数据的作用。具体言之，教师可以分析学生如下方面的学习数据：一、学生在教学资源平台中的数据浏览痕迹。二、学生在课堂上的学习数据，其中包括学生英语口语学习的精神状态、行为特点、学习结果等。三、学生在英语口语学习过程中与他人的交流状况，分析他们内心的状态。通过进行上述英语口语学习数据的分析，教师可以将其作为放大镜，一方面发现学生的英语学习兴趣、水平和能力，另一方面了解自己在英语口语教学过程中存在的突出问题，真正运用数据达到教学相长的目的。

（二）良好的大数据教学环境

1. 数据安全防护能力

在构建大数据教学环境的过程中，高校需要重视构建强有力的数据安全环境，保护好学校英语口语教学数据、师生个人信息数据，坚决避免被黑客盗取，保障学校、师生的合法权益。为了提高数据的安全防护能力，高校可以借鉴如下三种方式。

（1）加强硬件与软件设施建设。高校一方面可以加大对教学资源平台硬件设施建设的投入，引入高质量的多媒体设备、影音设备等；另一方面可以加强软件建设，尤其是安全软件设施的建设，比如引入高性能的防火墙，保障学校、师生的数据安全。

（2）重视硬件与软件设施维护。高校可以聘请专业人员，定期对本校的硬件设备进行维护，对软件设备进行升级，真正在实际的维护中做到"及时发现问题，及时解决问题"，为数据安全防护提供必要的人力保障。

（3）加强对在职员工的培训。除了进行设施升级和维护外，高校还可以加强对在职员工安全意识的培训，让在职员工掌握基本的操作技能、防护方式，真正为校园数据的安全防护提供第三层保障。

2. 构建大数据技术支持下的教学平台

通过构建大数据技术支持下的教学平台，教师可以运用大数据技术的数据存储和分析功能，对学生的各种学习动态和心态进行分析，不断对现有的教学平台进行优化和调整，构建具有精准性和实效性的教学资源平台，为学生提供更具有精准性的线上英语口语学习环境。在实际的执行过程中，高校可以结合如下几点。

（1）预测性。高校可以构建英语教学资源平台，通过分析大量的学生学习数据，了解学生的学习习惯和经常存在的问题，准确预测他们在口语学习中存在的问题，给予必要的指导。

（2）精准性。高校可以运用大数据技术分析学生在教学平台中的浏览痕迹，了解学生在教学资源平台上停留在相应口语知识点的时间，了解他们在口语学习中存在的问题并进行针对性指导，实现英语口语教学指导的精准性。

（3）沟通性。在教学平台上，高校可以构建交流性平台，实现教师、学生、家长之间的有效沟通。通过进行沟通，教师可以了解家长对学生的期待以及学生的实际学习水平，为学生制定线上学习规划，让学生真正按照相应的标准进行针对性的英语口语学习，并提供针对性的英语口语学习支持，促进学生英语口语学习目标的达成。

（三）完善的大数据教学模式

教学模式的选择对英语口语教学效果会产生影响。为此，高校教师需要慎重选择英语口语教学模式。受大数据思维的影响，教师开始转变传统的授课模式，真正引入在大数据背景下衍生的各种授课形式，如混合式教学、慕课教学、智慧课堂等，将大数据教学的优势发挥到最大。为了更好地进行英语口语教学方式的选择，高校教师有必要对英语学习数据进行全面化的分析，以这些数据为基础选择相应的授课形式，将高校英语口语教学效益发挥到最大。具体言之，大数据技术下的英语口语教学步骤如图6-4所示。

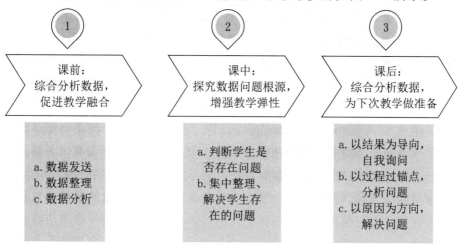

图6-4 大数据技术下的英语口语教学步骤

1. 课前：综合分析数据，促进教学融合

在综合分析数据的过程中，教师可以从数据的发送、整理和分析三个角度入手，全面地分析学生的学习水平，灵活调整实际的教学内容、方法和思路，促进教学融合。在实际落实上，教师可从三个角度切入。

（1）数据发送。为了最大限度地了解学生的实际学习水平，为后续的教学工作，尤其是教学方法的选择提供必要的数据支撑，教师可以利用大数据的数据发送功能，提前向学生发送英语口语学习的知识点以及相应的习题，让学生提前预习，一方面可以让学生了解自己的在此部分英语口语知识中存在的具体问题，如发音问题、表达问题、逻辑问题等，让他们的口语学习更有针对性；另一方面可以通过大数据技术整理这些问题，并分析造成此部分问题的原因。

（2）数据整理。在完成英语口语学习数据的发送后，教师可以运用教学资源平台中的大数据搜索功能，了解每一位学生在英语口语学习中的薄弱环节、兴趣点以及此部分内容中教学方式等方面存在的问题。在此之后，教师可以以这些问题为思考点，分析造成这些问题的原因，比如是否贴合学生的学习兴趣？是否与学生的实际英语学习水平相符？通过整理这些学习数据，为后续的数据分析打下坚实的基础。

（3）数据分析。在实际的数据分析过程中，教师可以采用静态分析和动态分析两种形式。在静态分析方面，教师可以利用大数据技术浏览学生在每一部分口语知识中的停留时间，并划分成集中时间停留区域、短时间停留区域，从而了解学生感兴趣的英语口语知识展示形式，如视频、图片等。除了关注学生浏览区域的时间外，教师还可以从学生的作业检测结果入手，并利用大数据技术分析学生的学习路径，以及之前的英语口语学习状况，实现对英语口语结果的立体分析。在动态分析方面，教师可以通过教学资源平台，与学生进行视频对话、文字对话等，合理分析学生的英语口语学习问题，提出针对性的学习策略。更为重要的是，除了对学生个体的英语口语学习数据进行分析外，更需要对学生整体的英语口语学习数据进行分析，发现本班学生在线上学习集中出现的英语口语学习问题，合理选择相应的教学策略，实现教与学之间的密切配合，为更好地在课堂上选择合适的授课方法提供借鉴。

2. 课中：探究数据问题根源，增强教学弹性

在课中口语教学的过程中，教师可以根据课前进行的数据分析，灵活选用相应的授课方式开展英语口语授课；并在此过程中，深入分析出现的问题数据，探究出现此数据的根源，并通过调整教学方式以及正确引导的形式，搬开英语口语教学中的"拦路石"，促进英语口语教学质量的提高。具体言之，教师可以以问题为突破口，灵活调整教学的节奏和方式，增强英语口语

课堂教学的弹性。

（1）情景一：判断学生是否存在问题。为了准确判断学生是否存在问题，教师可以通过多个角度观察。比如，搜集学生的表情数据，有些学生出现眼神迟疑的状况；又如，搜集学生在每一知识点学习的停留时间等，判断他们是否出现英语口语学习问题。

（2）情景二：集中整理、解决学生存在的问题。在发现学生存在问题后，教师可以运用教学资源平台中的数据分类功能，对学习问题进行分类，对学生进行分组，将存在同一问题的学生划分成同一组，让他们提出各自存在的具体问题。与此同时，教师要使用大数据技术整理这些问题，并进一步分析出现问题的原因。比如，有些学生在口语发音的题目中得分相对较低。针对这种状况，教师通过大数据分析发现出现这部分问题的学生的英语基础薄弱，存在不能正确拼读音标的状况。对此，教师在英语口语教学平台上可以设置音标学习模块，并设置配音游戏，让学生在游戏的过程中规范自身的英语发音。

总之，在课中阶段，教师通过大数据技术分析学生存在的问题，提出针对性的教学方法，可以增强英语教学资源平台教学的弹性，让更多的学生感受到学习英语的乐趣，促进他们英语口语表达水平的提升。

3. 课后：综合分析数据，为下次教学做准备

在高校英语口语教学结束后，教师需要综合分析各种教学数据，整理存在的突出问题，并分析存在这些问题的原因，制定应对的策略，将这些策略运用在下一次的教学中，并运用大数据技术记录策略的实施状况以及效果，以便进行下一次的分析，形成良好的教学闭环控制，增强英语口语高效教学的可持续性。具体言之，教师可从如下角度切入。

（1）以结果为导向，自我询问。在数据分析前，教师可以反思如下两个问题：问题一，设定的英语口语教学目标是否达到？问题二，在课堂教学过程中是否解决了学生的问题？问题三，英语口语课堂教学方法是否合适？

（2）以过程为锚点，分析问题。例如，在分析实际的英语口语教学问题的过程中，教师发现教学目标达成百分之八十，学生学习目标达成百分之七十。针对这项结果，教师可进行如下角度的分析。首先，分析自我。教师搜集如下的数据：备课数据、课堂数据、检测数据、学生学习数据等，发现教学目标制定得太高。其次，分析学生。教师整理如下的数据：学生的回馈数据、课堂表现数据、检测结果数据等，发现有部分英语口语内容设置得较

为枯燥，无法激发学生的学习兴趣，导致在互动教学中，不能结合学生存在的问题进行英语口语知识的延伸，造成了学生英语口语学习中的问题得不到有效解决的状况。

（3）以原因为方向，解决问题。通过数据分析，教师发现了英语口语教学资源平台存在的问题，并制定如下的策略：在目标设定方面，将目标适当降低；在英语口语知识设置上，引入趣味性的场景。通过下一次的实践反馈，教师发现上述问题已经得到根本解决。

总而言之，通过进行英语口语教学数据的分析，教师可以真正以英语口语教学结果为依据，分析整个教学过程，探究与实际相符的英语口语授课模式，提升英语口语教学水平，真正将英语口语教学数据的作用发挥到最大。

（四）科学的大数据教学平台

1. 英语口语教学资源数据库

（1）英语口语教学资源数据库的原则。

①提高实用性。高校在构建英语口语教学资源库的过程中应注重实用性，让学生在未来的岗位中可以学以致用。为此，在英语口语教学资源数据库的更新过程中，高校可以引入行业标准。在实际的行业标准制订的过程中，高校需要从各个角度入手，如岗位需求、用人标准、专家意见等，设定英语口语行业标准，真正让学生在英语口语学习的过程中获得高要求的锻炼，提升学生的英语口语表达水平。

②增强综合性。在构建英语口语教学资源数据库的过程中，高校需要遵循综合性原则，既要设置多样性的功能平台，如职业技能提升平台、学生自主学习平台、社会英语知识学习平台等，又需增强教学内容的融合性，比如引入旅游英语内容、计算机英语内容、大学英语基础课程内容、商务英语内容等，还需设置多种呈现形式，如视频、图片、文本、案例等。

③提升引导性。高校在英语口语教学资源数据库的构建过程中，可以增强教学资源数据库的引导性，设置具有层次性的英语口语教学资源模式，比如基础性口语学习资源、综合性英语口语学习资源、难度性英语口语学习资源等，让学生结合自身的实际学习状况，合理选择对应的英语口语学习资源。

（2）口语教学资源数据库的建设。在进行英语口语教学资源数据库的建设时，教师可以尝试结合本校的实际状况，灵活开展相应的资源数据库建设，真正引入实用性的课程，促进本校英语口语教学能力的提升。英语口语教学资源数据库的内容如图 6-5 所示，笔者将以此为依据，论述教学资源数据库的建设。

①构建在线教学资源管理平台。在在线教学资源管理平台的构建过程中，高校英语口语教师需要建立科学的英语口语教学平台，结合各个年级的英语口语基础水平，灵活设置相应的英语口语课程。更为重要的是，教师可以运用大数据技术，搜集学生的学习痕迹，并根据学生的英语口语学习测试结果，分析他们可能存在的问题，并通过和学生直接沟通、交流，判断其是否真正存在这种问题，并提出针对性的英语口语学习方法，向他们推送相应的英语口语学习课件，真正发挥英语在线教学资源管理平台的作用。

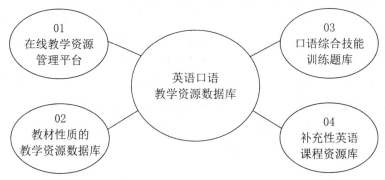

图 6-5 英语口语教学资源数据库

②构建教材性质的教学资源数据库。在教学资源数据库的构建过程中，高校应注重夯实学生的英语口语学习基础，注重从教材资源入手，进行英语口语教学资源数据库的建设，注重引入朗读训练课程、阅读训练课程以及口语训练课程。与此同时，高校可以构建多种形式的学习模式，比如课前预习、课后复习、在线指导、自我检测等内容，真正为学生的课后学习提供必要的指导，让他们在夯实英语口语学习基础的同时，在不断的练习中，运用大数据了解自己在英语学习中的薄弱环节，并以大数据为依据，与教师和同学进行针对性的商讨，探究解决英语口语学习问题的策略，促进教师综合教学水平的提升。

③构建口语综合技能训练题库。想要提升学生的口语表达能力，高校切忌走"单条腿"路线，而应真正从全方位多角度入手，既要锻炼学生的口语表达能力，又要促进他们综合能力的夯实，如阅读能力、写作能力、翻译能力等。更为重要的是，高校可以构建相应的题库，让学生在练习的过程中锻炼自身的基础英语能力。

④构建补充性英语课程资源库。除了构建基础性英语资源库外，高校足可以构建补充性英语课程资源库，补充西方文化资源课程、西方文化风俗习惯故事等，进一步开阔学生的学习视野，让他们在阅读这些具有趣味性的英语内容的同时，促进自身跨文化意识的形成，为英语表达能力的增强奠定基础。

2. 提升大数据技术的分析能力

为了提升大数据技术的分析能力，高校既要有足量的教学数据，又要具备较强的数据分析能力。在实际落实上，高校可以从如下两点入手。第一点，引入大量的教学数据。高校一方面可以从教学的各个阶段搜集教学数据，比如在课前、课中、课后三个阶段搜集数据；另一方面可以设置网络学习留痕模式，即让学生在登录教学资源平台学习英语口语知识的过程中留下相应的痕迹，丰富教学数据，并将这些数据产生的原因进行分类，比如划分成知识因素数据、心理因素数据、行为因素数据。第二点，提升教学数据分析能力。高校可以引入云技术、云计算等相关技术，真正提升大数据分析能力，从而更好地对教学数据进行采集、分析和诊断，为提高高校英语口语教学的高效性提供必要的数据支撑。

二、教学资源平台在英语口语教学中的现实意义

（一）借助教学资源平台，促进学生的个性化培养

在英语口语教学资源平台的构建过程中，高校可以通过大数据技术了解学生的英语口语学习兴趣，分析学生英语口语学习结果与过程之间的关系，真正挖掘出学生学习的隐藏信息，为学生的个性化培养提供强有力的数据支持。与此同时，教师可以通过多个角度分析学生的英语口语学习行为，并发现他们在英语口语学习过程中的优势，结合这种优势对学生进行个性化培养。比如，针对一些性格开朗、心思缜密的学生，教师可以通过教学资源平台了解这部分学生的特性，并着重为这些学生提供参与辩论赛的机会，让这部分学生在发挥特长的同时，让他们朝着外交家的方向发展。

（二）借助教学资源平台，提升英语口语教学质量

高校英语口语教师可以好好利用教学资源平台，一方面可以运用其中丰富的教学内容，另一方面可以借鉴多样的教学手段，还可以使用多种教学程

序，最终达到提升英语口语教学质量的目的。在实际的执行过程中，教师可以从如下几点切入。

1. 运用丰富的英语口语教学内容

高校英语口语教师可以运用英语口语教学资源平台上海量的内容，并结合具体的英语口语教学需要以及学生的英语学习水平，灵活选择对应的英语口语授课内容，让学生在开阔个人学习视野的同时，提升他们英语口语学习的兴趣，让他们在学习过程中逐步获得英语综合表达水平的提升。

2. 巧用多种英语授课方式

教师可以学习多种授课方式，如微课、慕课、翻转课堂等，并根据具体的英语口语教学目标，采取对应的授课方法。比如，针对一些实践性的英语口语教学，教师可以采用翻转课堂的方式，让学生在课前提前进行演练，并在课上进行针对性的口语对话，并结合个人的口语学习思路。在此之后，教师可以结合学生存在的共性问题进行针对性的指导，真正采用翻转课堂的方式，让学生掌握学习的主动权，获得良好的英语口语教学效果。

3. 利用多种英语口语授课小程序，提高学生学习的自主性

教师可以适时地向学生推送一些好的英语口语学习小程序，并通过小程序与学生交流，了解他们的学习动态，鼓励学生自主运用多种方式解决英语口语学习中存在的问题，让他们在此过程中逐步获得学习英语口语的自信心，提高学生学习的自主性。

4. 运用教学资源平台，促进学生各项能力的提升

除了培养学生的英语口语表达能力外，高校还要注重学生其他能力的培养，促进他们综合素质的提升，以适应未来的人才需求。为了达到此种目的，高校可以从增强学生的综合素质入手。在实际的执行过程中，高校可以借助大数据平台，引入英语口语学习实践，让学生掌握更多的实践知识，促进他们各项能力的提升。例如，高校英语口语教师可以组织学生进行文艺汇演，鼓励学生充分运用教学资源平台中的各种西方文化背景，选择需要的对话句式。更为重要的是，教师组织学生进行文艺汇演，让更多的学生投入到此次汇演的评价中，可以激发参与文艺汇演的学生的热情，使他们在此次文艺汇演的过程中，充分运用教学资源平台，锻炼了自身的口语表达能力，提

高了自身的心理承受能力、学习能力等，促进了自身综合素质的提升。

三、教学资源平台在口语教学中的实现实例

（一）运用教学资源平台，夯实学生的语言表达基础

在本部分的论述中，夯实学生的语言表达基础指的是提高学生的词汇搭配能力。之所以要提高学生的词汇搭配能力，是因为搭配化的词汇有利于增强表达的丰富性、精准性。为此，高校英语口语教师可以从提升学生语块运用能力入手，增强他们的语言表达能力。在实际的落实上，教师可以从如下几点入手。

1. 构建游戏化的词汇搭配规则

教师可以运用教学资源平台，选择其中的词汇知识，并设置游戏化的词汇搭配授课模式，设定竞争性的规则，真正让学生融入其中，在潜移默化中获得词汇搭配能力的提升。具体言之，教师可设定如下的游戏规则：规则一，教师在多媒体上随机展示一个被打乱的词汇，并配备相应的对话场景，让学生在观看场景的过程中，正确拼读对应的句子，在培养学生语境思维的同时，夯实他们的词汇搭配基础。规则二，运用大数据分析技术。在学生进行答题的过程中以及过程后，教师可以运用大数据技术分析学生答题数据，并找出出现问题的原因，制定相应的策略，真正让学生更为巧妙地记住词汇搭配，夯实学生的英语基础。

2. 合理选择词汇搭配

教师可以在教材性质的英语教学资源数据库中合理挑选教材中的固定搭配，并注重让学生观察词汇搭配涉及的句型和语法，使他们真正运用英语逻辑了解词汇搭配知识，并在反复使用的过程中获得英语口语表达能力的提升。

3. 进行词汇搭配游戏

在进行词汇搭配游戏的过程中，教师可以让学生在多媒体上进行游戏，并利用大数据技术的数据跟踪功能，记录学生在词语搭配以及发音过程中的问题，分析造成这种问题的原因，制定相应的口语教学解决策略，真正让学生在享受游戏快乐的同时夯实他们的英语基础，促进学生口语表达能力的提升。

（二）使用教学资源平台的多项优势，让学生克服畏难心理

在口语教学过程中，笔者发现部分学生可以非常流利地表达个人的观点，一些学生却不知如何开口，甚至无话可说。针对这种状况，教师可以充分利用教学资源平台的多项优势，为他们设置轻松、愉悦的场景，使学生主动张口说英语，感受用英语表达的乐趣，真正克服他们的畏难心理。具体言之，教师可从以下三个环节入手。

1. 英语文化内容的讲解环节

教师可以在教学资源平台中选择与英美文化相关的视频，让学生在观看这些视频的过程中加深对英美文化的理解，为后续理解更多的英语口语知识打下文化基础。

2. 口语练习的环节

教师可以运用教学资源平台中的视频功能以及大数据功能，一方面追踪学生在口语表达中的问题，另一方面结合他们的不同问题设置不同的口语练习题目，真正激发学生的胜负欲，使他们不断地投入到练习中，获得相应的评价，在一次次更正口语表达的过程中掌握英语表达技巧，提升学生的口语表达水平。

3. 教学设备应用的环节

为了培养学生表达的自信心，教师可以利用教学中的硬件设置，比如多媒体课堂，与学生一起进行口语练习，适时地指正学生口语表达中的错误，让他们真正在一点一滴的练习中纠正不良的表达习惯，促进学生口语表达能力的提升，使学生逐渐克服表达中的畏难心理。

（三）巧用写作资源，以写带说，提高学生口语表达能力

在口语教学过程中，教师可以转变教学思维，运用教学资源平台中的写作课程资源，实行"以读带说"的授课模式，让学生在口语表达前进行静态化表达（即写作）的预演，并让他们列出写作的思维框架，进行内容的针对性填充，消除学生内心的紧张心理，并为他们提供一段时间的表达，真正做到以写带说，促进学生口语表达能力的提升。具体言之，教师可以借鉴如图6-6所示的教学步骤。

图6-6　教学资源平台背景下的英语口语教学步骤

1. 提出写作要求

教师提出如下写作要求：保证遣词造句的准确性、简洁性和生动性；保证语句的连贯性、统一性；明确写作中心，保证段落的起承转合流畅自然。

2. 开展英文写作

为了让学生的写作更具有逻辑性和规范性，教师可以让学生绘制写作思维导图，并从拉斯韦尔提出的著名传播模型入手，即 "who" "says what" "in which channel" "to whom" "with what effect"，让学生厘清写作的思路，为后续更为自信地表达奠定基础。值得注意的是，在此部分内容的授课过程中，教师可以采用电子白板的方式，记录学生在写作过程中的问题以及存在的写作优势，给予他们必要的评价和指导。

3. 组织学生表达

在学生完成写作后，教师会给他们一段时间，让其检查写作内容，并进行朗读。在此之后，教师会组织学生进行表达，并结合他们的表达状况提出针对性的建议，让学生更为规范地进行表达，促进学生口语表达水平的提升。总之，通过以写带说的方式，教师可以充分运用教学资源平台，使用互动白板开展针对性的口语教学，让他们在表达中掌握口语技巧，促进本班学生口语表达水平的提升。

（四）让学生自主选择教学平台资源，自主表达，激发表达兴趣

除了教师在教学资源平台上进行选择外，教师还可以让学生在此平台选择个人感兴趣的内容，并进行演讲，激发他们的表达兴趣。与此同时，教师可以与学生进行互动，并深入分析互动中的数据，深入分析学生的英语表达逻辑，提出必要性的看法，让他们逐步纠正错误的表达逻辑，树立正确的英语表达思维，使学生在一次次的纠正中感受到英语口语表达的乐趣，促进他们表达水平的提升。具体言之，教师可从如下角度切入。

1.设置自由表达的时间和空间

在开课后，教师可以让学生登录教学平台资源网站，自主选择、整理个人感兴趣的内容，并将其转化成书面文字，为后续的表达奠定基础。

2.适时进行口语表达指导

教师可以走入学生当中，让他们复述表达的内容，并对他们的表达给予针对性的建议，指出学生在口语表达中的错误，促进他们口语表达水平的提升。

3.展示表达效果

通过展示表达效果，教师可以让学生从兴趣出发，主动表达，并结合学生的表达给予针对性评价，让他们在纠正表达思维的过程中掌握口语表达的技巧，提升口语表达能力。

（五）运用教学资源平台，开展情景剧表演，提高学生的表达水平

在实际的口语教学过程中，教师可以转变教学思维，引入情景剧表演，让学生模仿经典电影中主人公的发音，让他们在模仿的过程中，沉浸在人物的角色中，并运用多种英语元素诠释人物的性格，真正使他们在情景剧中感受表达的乐趣，获得表达能力的提升。为达到此目的，教师可以鼓励学生运用教学资源平台，以小组的方式进行情景剧的表演，增强他们的口语表达能力。在实际的教学实践中，教师可以借鉴如下的步骤。

1.划分小组

教师在进行小组划分的过程中，一方面要考虑学生的实际学习情况，另一方面需要保证不同小组之间英语学习总体实力的均衡性，更好地把握教学节奏。

2.选择视频

教师让各个小组在教学资源平台上选择喜欢的电影视频片段，挑选个人喜欢的人物，进行人物的配音。更为重要的是，教师要使用大数据技术中的数据跟踪功能，了解学生的配音状况，并结合各个小组的配音状况给予相应的建议。当有的小组在配音中陷入困境时，教师可以采用连麦的方式，直接

地与学生进行沟通，解决他们在英语口语配音中遇到的问题，保证英语口语教学的顺利进行。

3. 开展表演

在大部分小组具有独立表演能力后，教师可以鼓励他们表演，并结合学生在表演中的语音语调、动作、表情等多个角度进行评价，让他们真正在表演中锻炼个人的心理素质，促进学生综合表达水平的提升。

第四节　口语自动测评技术在英语口语教学中的实现

在英语口语教学的过程中，教师应真正将自动测评技术看成是英语口语教学的"刻度尺"，并设置不同的英语授课场景，最大限度地让学生表达个人的观念，并运用"刻度尺"，检测学生在口语表达中出现的错误并进行针对性纠正，为增强口语教学的高效性添砖加瓦。

一、借助口语自动测评技术开展情景教学，培养学生语境思维

语境思维是英语学习中的常见思维之一，这种思维模式可以运用在英语学习的方方面面，如词汇、阅读、写作、听力、翻译和交流等。在日常的口语教学过程中，教师一方面要认识到语境教学的重要性，另一方面需运用合理的方法，让学生真正融入英语口语学习中，并采用语境思维进行相应口语问题的解决，真正促进学生语境思维的形成。值得注意的是，在培养学生语境思维的过程中，教师可以运用口语自动测评技术，检测学生在口语表达中的错误，并进行针对性纠正，让学生真正在语境中获得良好的口语教学效果。在实际的执行过程中，高校英语教师可以从如下几点入手。

（一）布置情景

在布置情景的过程中，教师应注重从学生的生活入手，立足他们实际的英语学习水平，布置相应的情景，并侧重使用多媒体营造出具有沉浸感的情景，真正让学生融入其中，并在相应的情景中进行交流，促进学生语境思维的形成。在实际的授课过程中，教师就可以引入如下的场景，一位老人在向一个年轻人问路，年轻人将手指指向正北的方向。

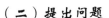

（二）提出问题

在展示上述情景后，教师发现学生的注意力被吸引，便适时地向学生提问：你们可以根据上述情景，合理编写出什么样的故事呢？请使用社交中常用的语句进行交流。更为重要的是，教师可以让学生两两一组进行相应的角色扮演，真正让他们在讨论的过程中结合实际，从不同的角度思考可能出现的现实问题，并让学生编写相应的口语对话。

（三）开展表演

在学生表演时，教师使用口语自动测评系统进行录音，并以学生的姓名为编号，借助系统的力量，统计学生在口语表达过程中出现的问题。此外，教师要注重为学生搭建交流的平台，让未表演的学生融入评价中，让他们指出表演者在此过程中出现的各种错误，营造良好的对话氛围，激发学生整体的口语表达热情。

（四）纠正问题

在学生的表演过程中，教师发现尽管他们的表达内容本身没有明显的问题，但是经常出现"跑题"的状况，即学生常常跳出语境进行相关内容的表达。对此，教师可运用多媒体展示如下的场景：天空突然下起瓢泼大雨，一位学生跑向商店。与此同时，教师问学生："假如你是视频中的主人公，你下一步的做法是什么？"大部分学生回答："买雨伞、雨衣。"教师适时地提醒："在日常的口语教学过程中，我们需要树立语境思维，通过分析生活中的场景，结合个人的生活经历，合理判断后面发生的事情，进行对应的表演。"

总之，通过进行情景教学，教师可以让学生更好地融入其中，锻炼他们的口语表达能力，并借助自动检测技术发现学生在口语表达中集中出现的问题，对其进行针对性解决，真正让学生获得口语学习能力的提升，掌握科学的口语学习方法。

二、运用口语自动测评技术进行分层教学，激发学生的表达热情

在实际的口语教学过程中，教师可以运用自动测评技术，测试全班学生的英语口语表达水平，并结合呈现的问题进行针对性的分层，让学生找准自己在英语口语学习中的问题，进行针对性纠正，促进整体英语口语教学质量

的提升。在实际的落实过程中，教师应注重从如下角度切入：

（一）整体测试，划分层次

为了在英语口语教学中做到"知己知彼"，教师可运用口语自动测评技术，对本班学生进行测试。与此同时，教师以学生的综合学习水平和英语表达共性问题为依据进行相应的层次划分，让英语口语教学活动的开展更具有针对性。

（二）划分小组互助学习

在完成层次划分后，教师可结合学生的具体口语表达问题，将学生们划分成相应的小组，并通过多种练习方式适时地对学生的思维进行引导，让他们真正纠正自身在英语口语学习中存在的多种错误。此外，为了让学生之间进行充分互助，教师可引入积分机制，为每个学生建立积分档案，即只有提供帮助的学生才可获得相应积分，获得积分多的学生可以进入下一个高阶的英语学习层。

（三）进行测试，开展表扬

在一段时间的练习后，教师可再次运用口语自动测评技术进行测试，考查学生的英语口语学习效果。通过测试，教师发现大部分学生在口语表达的过程中基本可以改正个人的错误。在此次测试中给教师印象最深的是后进生的表现。后进生虽然英语基础差，但是他们积极运用有限的知识帮助他人，也获得了他人的帮助，他们的口语表达能力得到了有效提升。

总而言之，教师借助口语自动测评技术，将本班学生进行分层，并在此基础上结合本班具体情况设置相应的积分机制，让学生真正在口语学习的过程中相互帮助，相互促进，在营造良好的英语口语教学氛围的同时，提高了他们口语表达的热情，也使学生的表达更具精准性。

三、使用口语自动测评技术进行实践教学，纠正学生的语法错误

高校英语教师可以开展实践教学，让学生在具体实践的过程中锻炼个人的口语表达能力，培养学生口语表达的自信心。更为关键的是，在实际表达过程中，教师可以发挥口语自动测评技术在口语表达中的"刻度尺"作用，让学生在实际的交流中发现、解决问题，促进其口语表达水平的增强。在具体的教学过程中，教师可以从语法的角度入手开展口语教学，并执行如图

6-7 所示的操作。

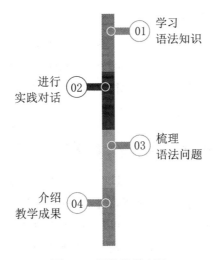

图 6-7　语法教学步骤

（一）学习语法知识

在语法知识的教学过程中，教师应注重从实际教学的角度入手，开展相应的语法知识教学，如虚拟语气、形容词和副词、非谓语动词、情态动词、时态和语态等，让学生掌握必备的英语语法知识。

（二）进行实践对话

在进行实践对话的过程中，教师应结合教学实际，聘请专业的外教，组织学生与外教进行交流。更为重要的是，教师应注重提醒学生从语境的角度适时地融入语法知识。与此同时，教师可以使用口语自动测评技术，总结学生在与外教交流过程中存在的问题，尤其是语法方面的问题。

（三）梳理语法问题

在实践教学结束后，教师就要梳理学生在表达中常见的语法问题。与此同时，教师应注重引入学生存在语法问题的知识点，并注重以情景对话的方式加深他们对语法知识的理解。更为重要的是，为了检验学生的语法知识学习效果，教师可再次让学生与外教对话，并找准学生存在的突出问题进行针对性教学，真正夯实学生的语法基础。

（四）介绍教学成果

教师通过实践教学的方式开展语法授课，让学生真正做到"学以致用"，并运用口语自动检测技术，针对学生的语法问题提出针对性策略，让学生在实际的执行过程中改正表达错误，并通过测试的方式扎实个人的表达技巧，促进自身口语表达能力的提升。

四、巧用口语自动测评程序进行慕课教学，培养学生的表达自信心

在口语教学的过程中，教师可以通过慕课教学的方式，适时地延长学生在课下的英语口语学习时间，让他们在课下反复地练习，并通过口语自动检测不断地检测表达状况，不断进行纠正，让学生真正在课下通过练习的方式获得口语表达的自信心。更为重要的是，教师注重为学生搭建英语口语表达的空间，并鼓励他们积极在课堂上展示个人的表达成果，真正让学生在他人的赞美中获得肯定，在他人的指正中获得表达能力的提升，促进他们学习自信心的形成。在具体执行的过程中，教师应注重从如下几点入手。

（一）自主选择表达的内容

教师可以让学生自主选择表达的内容，可以是演讲的内容，也可以是对话的内容。与此同时，教师可以通过现代通信技术与学生进行沟通，并根据他们的实际学习水平提出针对性的建议。

（二）开展课下自主练习

教师为学生提供一定的练习时间，让学生真正在此期间提升口语练习的强度。值得注意的是，教师应注重与学生沟通，让他们反映在学习中存在的问题，并进行针对性的指导，让学生的口语表达能力获得提升。值得注意的是，教师应让学生将口语自动测评的结果发送给自己，并根据具体的结果，在真正了解学生实际口语锻炼状况的前提下给予学生更为精准的指导。

（三）开展口语表达展示

由于学生已经进行了长时间的练习，教师发现大部分学生可以在课堂上自信地表达。更为重要的是，教师发现大部分学生在口语学习的过程中更为注重运用笔记记录相应的问题，并在课堂上请教他人，真正营造出了良好的英语口语教学氛围，获得了良好的口语教学效果。

总而言之，在此部分内容的口语教学过程中，教师应注重从学生的角度思考问题，让他们在课下进行充足的练习，并通过多种方式与学生沟通，结合他们存在的口语问题，提供精准的建议，让他们真正在付出中不断强化个人的口语知识技能，增强学生的口语表达能力。

五、利用口语自动测评技术开展任务驱动教学模式

在口语教学的过程中，教师可以从学生的角度入手，开展任务驱动教学模式，让学生在口语教学的过程中掌握相应的英语学习方法，并注重引入跨文化意识方面的内容，让学生在理解西方文化的基础上更为深入地了解语言的魅力，促进他们口语表达能力的提升。更为重要的是，教师注重引入自动测评技术，检测学生在表达过程中的问题，并为他们提出针对性的建议，让学生的口语表达更为标准。在实际的执行过程中，教师应注重从如下角度入手。

（一）引入文化误解实例，激发学生学习兴趣

为了第一时间激发学生的口语学习兴趣，让他们直观地认识到中西文化的不同，教师可引入如下的场景。一位中国人与一位外国友人打招呼，中国人说："你吃了吗？"外国友人回答道："你要请我吃饭？"中国人尴尬地笑了笑。在展示上述情景后，教师可以问学生："为什么会出现上述的状况？在我国遇到当时的情景，中国人是如何交流的？西方人在西方的文化中会交流哪些内容？"

（二）引入知识，深入学习

在学生的兴趣被充分激发后，教师可运用智慧课堂，展示中国人见面打招呼谈论吃饭的原因，以及西方人在见面打招呼时讨论的问题，从中延伸出中西方在思维方式上的差异，让学生通过相应的情景，更为直观地了解中西方文化的不同。

（三）开展交流

教师分别让学生从中国人和西方人两个角度进行对话，并让学生运用对西方文化的理解，适时地延伸相应的对话内容。更为重要的是，教师在学生对话的过程中，适时运用口语自动测评技术检测学生在口语表达过程中存在的问题，并给出针对性的建议，让学生的表达更具有标准性和规范性。

　　总而言之，在英语口语教学过程中，教师从培养学生跨文化意识的角度入手，让他们在情景对话的过程中感受到中西方文化的不同，促进学生跨文化意识的形成，并借助自动口语检测技术，使学生得到更为标准的表达方式，促进学生口语表达水平的提升。

第七章 结论与展望

本章主要对现阶段教师的教学进行思考，并从 VR 技术应用、网络互动平台的使用、教学资源平台的构建以及口语自动测评技术的运用四个方面进行论述与总结，并对未来高校英语口语教学活动的各项技术进行展望。

第一节　英语口语教学网络技术应用的效果总结

一、VR 技术在英语口语教学网络技术中的应用

VR 技术最具魅力之处在于可以"还原"真实的场景，可以促进学生语境思维的形成，让学生真正沉浸到相应的对话场景中，调动他们不同场景下的英语知识模块，使学生不自觉地运用多种英语知识，不断在"非刻意"的意识中更为积极地表达个人的看法，真正享受到英语表达的乐趣。具体言之，VR 技术在英语口语教学中的应用效果如图 7-1 所示。

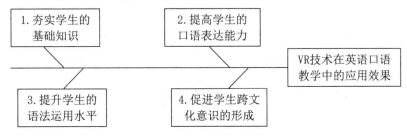

图 7-1　VR 技术在英语口语教学中的应用效果

（一）夯实学生的基础知识

以词汇教学为例，有些词汇有很多的衍生词汇，或是有相似，或是相反的词汇。在进行此部分内容的授课时，教师可以引入 VR 技术，创设多种场景，让学生在相应的场景中更为直观地感受词汇之间的不同，达到夯实他们基础知识的目的。

（二）提高学生的口语表达能力

在实际的口语教学过程中，教师可以根据不同的对话场景，灵活运用VR技术设置不同的场景，并组织学生与"虚拟人物"进行对话，充分调动学生的多种感官，让他们最大限度地提取头脑中的知识，与"虚拟人物"从不同的角度进行沟通，激发学生的表达热情。更为重要的是，教师可以使用大数据技术记录学生与"虚拟人物"对话的整个过程，尤其是可以针对学生存在的突出性口语问题，结合他们实际的英语口语表达水平，为学生量身定制英语口语学习工具包，让他们获得更为精准的指导，促进学生口语表达能力的提升。

（三）提升学生的语法运用水平

语法知识是提升学生口语能力的重要路径。在英语口语教学过程中，教师同样可以结合不同语境，引入相应的语法知识，让学生通过各种感官深入解读语法知识，并在语境中运用语法知识，使其表达更加标准，获得良好的口语教学效果。

（四）促进学生跨文化意识的形成

语言的根源在于文化。为了让学生的英语口语学习更具有立体化和全面性，教师需要培养学生的跨文化意识。对此，高校英语教师可以运用VR技术，为学生呈现一场"异国之旅"，让学生戴上专业的设备，浏览西方文化的变迁历史，让学生真正感受西方文化的风土人情，真正在理解西方文化的基础上更为深入地理解英语这门语言，促进学生英语表达能力的提升。

二、网络互动平台在英语口语教学网络技术中的应用

（一）线上互动

1.软件互动

在英语口语教学过程中，高校英语教师或是学生可以运用网络软件开展多种形式的互动。例如，学生可以使用多种软件学习口语知识，并与软件中设置的人物进行全方位的互动，真正在软件设置的不同场景下进行针对性的口语表达，促进他们口语表达水平的提升。

2. 硬件互动

硬件互动包括手机互动、电脑互动、VR 技术互动等。在手机互动的过程中，教师可以开展直播式的口语教学，通过让学生使用相关 App，与他们进行多角度的互动，比如让学生以弹幕的形式与教师以及其他学生交流在口语学习中的困惑。在电脑互动的过程中，教师可以开展远程教育模式，即通过一根网线与学生进行实时互动，并通过连麦的方式，讲授英语口语学习的方法，真正锻炼他们的口语表达能力。在运用 VR 技术进行互动的过程中，教师可以让学生佩戴专业的设备，通过与虚拟人物的互动，获得口语表达能力的提升。

（二）线下互动

线下互动以学生、教师为主体，主要有三种形式，即生生互动、师生互动以及师师互动。

在生生互动中，学生之间一方面可以交流具体的英语口语学习问题，另一方面可以进行情景对话，还可以相互评价，通过多种形式的互动，真正获得英语口语表达能力的提升。

在师生互动的过程中，一方面，教师通过对学生的评价可以让学生从英语口语学习规律的角度审视个人存在的问题，并进行英语口语学习思维、方式的转变，获得口语表达能力的提升；另一方面，学生可以对教师进行评价，即从知识接受者的角度提出个人的看法，让教师真正了解学生的英语口语学习感受，并将其作为下一次英语口语教学的重要数据支撑，这样可以达到教学相长的目的。

在师师互动的过程中，教师可以和同事交流英语口语教学中的体会和问题，运用"他山之石，可以攻玉"的思维，借助他人的智慧，调整个人的英语口语授课方式，真正拓展全新的授课模式。与此同时，在同事的指导下，教师除了从横向进行教学反思外，还可以从纵向入手绘制个人的英语授课脉络图，在同事的建议下，找出个人存在但是未被察觉的英语口语教学漏洞，促进个人英语口语教学质量的提升。

三、教学资源平台在英语口语教学网络技术中的应用

（一）学生方面

教学资源平台的构建对学生的益处主要体现在如下几点：第一，增强学生独立解决问题的能力。在学习英语口语的过程中，学生既可以通过教学资源平台学习新知识，又能够借助教学资源平台巩固旧知识，运用此平台解决日常英语口语学习中出现的各种问题，增强个人独立解决问题的能力。第二，培养学生的分享意识。在学生独立学习的过程中，学生很可能遇到个人无法解决的问题。对此，学生可以在教学资源平台上向他人求助。当学生受到他人帮助后，心存感激，并将这种助人精神传递给下一个需要帮助的人，这使得学生逐步具有分享精神，促进学生"人人为我，我为人人"学习思维的形成。

（二）教师方面

教学资源平台可以促进教师综合教学能力的提升，主要从以下三方面说明：第一方面，增强教师的备课能力。教师可以在教学资源平台上学习各个地区、不同经验水平的英语口语教学的教学课件、视频，学习其中优秀的教学方法和观念，并将这些优秀的教学知识融入课堂中，促进个人备课能力的提升。第二方面，培养教师的反思意识。教师在观看其他教师课件的过程中，会不自觉地反思个人课件的制作逻辑，并分析两者的不同之处以及存在不同的原因，真正从中认识到思维的差距和不同，以一种质疑的态度审视个人的英语口语教学，在不断反思的过程中，获得英语口语教学水平的提升。

四、口语自动测评技术在口语教学网络技术中的应用

（一）学生方面

学生可以在学习前和学习中两个阶段应用口语自动测评技术提升个人的英语口语表达能力。在学习前，学生可以运用口语自动测评技术提前测评个人的英语口语表达状况，并记录在测评过程中存在的问题。与此同时，学生可以借鉴此测评结果中的提示以及建议，自主解决对应的口语学习问题。更为重要的是，教师可以再次利用口语自动测评技术检验个人的学习成果，并记录仍旧不能解决的问题，提升学生学习的方向性。在学习后，学生可以通

过口语自动测评技术检查个人在学习中是否真正解决了在课前存在的问题，可以使学生更为积极地与教师进行沟通，更有针对性地解决相应的问题，促进学生口语表达能力的提升。

（二）教师方面

教师可以运用口语自动测评技术检验学生的学习水平，整理他们英语口语学习中存在的问题，反思个人在教学中的问题，适时地调整个人的英语授课方式，以增强英语口语教学的方向性。与此同时，教师可以在不同的时期，采用口语自动检测技术达到相应的效果。在课前，教师向学生提出针对性的问题，使用此技术，让他们在回答相应口语问题的过程中了解学生的英语口语水平，并灵活采用不同的组织形式授课，比如小组合作、分层教学。在课中，教师可以应用此技术了解个人的口语教学效果，并适时地拓展，或是缩短英语课程的安排，合理调整课程结构，真正实现口语教学效益的最大化。

第二节　口语教学网络技术发展趋势与应用展望

移动技术、云计算技术、大数据技术等多种技术进一步推动了我国英语口语教学网络技术的发展，对我国教育方面的改革也起到了重要的推动作用。在此部分内容的论述中，笔者主要从远程教育、终身学习技术、沉浸式学习技术三个角度入手介绍英语口语教学网络技术的发展趋势并进行了应用展望。

一、远程教育

随着互联网技术水平的进一步提升，我国的教育形式开始从线下转移到线上，并突破了时空局限，其中较为突出的网络教育技术之一便是远程教育。近年来，我国在线学习服务市场按照每年 15% 的速度增长，这也造成我国出现了 500 亿美元的教育市场。远程教育可以帮助更多学生学习其他经济发达地域的教育内容和学习形式。从成本角度而言，远程教育可以以三分之一的成本学习高出原成本 5 倍的内容。对于高校学生而言，远程教育具有学习时间和空间双向灵活的特性，有望成为学生在未来自主学习路上的一把利器。

二、终身学习技术

从现阶段的教育发展而言，传统教育体系相对稳定，传统教育方式可以满足现阶段大学生的实际工作需要。然而，随着时代的发展，教育技术的更新，使得新的学习技术成为可能。终身学习技术成为在校学生、在职学习者更加青睐的技术。在这种技术的影响下产生了很多技术性学习小程序。这种技术性学习小程序可以满足当代高校学生应对瞬息万变的社会的需求，也将成为未来大学生自主学习英语口语知识的重要工具之一。

三、沉浸式学习技术

受时代潮流与社会风气的影响，许多学生更喜欢关注一些简短、引人注目的信息。在此种背景下，各种技术应运而生，如沉浸式学习技术，其中主要是扩展现实（XR）技术。扩展现实技术主要包括混合现实（MR）技术、增强现实（AR）技术、虚拟现实（VR）技术。沉浸式学习技术可以增强学生学习的沉浸感，提升课堂教学的趣味性和情景性，促进英语口语教学效率的进一步提升。

沉浸式学习技术可以充分调动学生的各种感官，使他们不自觉地开口说英语，无形中提升了他们的口语水平。基于此，笔者认为沉浸式学习技术有望成为未来课堂教学的重要方式之一。

参考文献

[1] 余胜泉. 未来学校 [M]. 北京：电子工业出版社，2019.

[2] 汤敏. 慕课革命 [M]. 北京：中信出版社，2015.

[3] 王竹立. 碎片与重构：互联网思维重塑大教育 [M]. 北京：电子工业出版社，2015.

[4] 王磊，周冀. 无边界 [M]. 北京：中信出版社，2015.

[5] 安杰. 一本书读懂 24 种互联网思维 [M]. 北京：台海出版社，2014.

[6] 钟殿舟. 互联网思维 [M]. 北京：企业管理出版社，2014.

[7] 于永昌，刘宇，王冠乔. 大数据时代的教育 [M]. 北京：北京师范大学出版社，2015.

[8] 马化腾. 互联网 +：国家战略行动路线图 [M]. 北京：中信出版社，2015.

[9] 陈亮年轻派，尹志强，冷跃进，等. 一本书读懂"互联网 +"[M]. 北京：人民邮电出版社，2015.

[10] 焦建利，王萍. 慕课：互联网 + 教育时代的学习革命 [M]. 北京：机械工业出版社，2015.

[11] 云亮，赵龙刚，李馨迟. 智慧教育：互联网 + 时代的教育大转型 [M]. 北京：电子工业出版社，2016.

[12] 吴帝聪，陈小勤. 一本书读懂互联网 +[M]. 广州：广东人民出版社，2015.

[13] IDKW 图解中心. 一本书看懂互联网教育：图解版 [M]. 北京：人民邮电出版社，2015.

[14] 魏永红. 任务型外语教学研究：认知心理学视角 [M]. 上海：华东师范大学出版社，2004.

[15] 吴鼎福，诸文蔚. 教育生态学 [M]. 南京：江苏教育出版社，1990.

[16] 雷毅. 深层生态学思想研究 [M]. 北京：清华大学出版社，2001.

[17] 李森，王牧华，张家军．课堂生态论：和谐与创造 [M]．北京：人民教育出版社，2010.

[18] 范国睿．教育生态学 [M]．北京：人民教育出版社，1999.

[19] 教育部高等教育司．大学英语课程教学要求 [M]．上海：上海外语教育出版社，2007.

[20] 薛建强．大学英语移动学习模式的构建与发展研究 [J]．实验技术与管理，2014，31（3）：176-179.

[21] 郑奇，杨竹筠．SPOC：结合高校教学的融合创新 [J]．物理与工程，2014，24（1）：15-18.

[22] 吴洪敏．教师应如何培养学生的学习策略 [J]．中外教学研究，2013（9）：38-39.

[23] 杨根福．混合式学习模式下网络教学平台持续使用与绩效影响因素研究 [J]．电化教育研究，2015，36（7）：42-48.

[24] 何克抗．从 Blending Learning 看教育技术理论的新发展 [J]．中小学信息技术教育，2004（4）：21-31.

[25] 高恂．高职院校公共英语教学理念与实践探索 [J]．当代教育理念与实践，2011，3（8）：128-129.

[26] 刘丹丹，董剑桥，李学宁．大学英语泛在化学习环境的建构与管理 [J]．中国教育学刊，2013（A2）：78-79，81.

[27] 费佳，郭梦珊．移动 APP 对大学生英语学习的影响 [J]．品牌研究，2015（3）：25，27.

[28] 章木林．信息技术环境下的 ESP+EGP 混合教学模式探讨 [J]．西安外国语大学学报，2013，21（1）：78-81.

[29] 彭海涛．基于"互联网+"的高职公共英语混合式教学模式改革探讨 [J]．青岛职业技术学院学报，2016，29（3）：38-41，46.

[30] 马晓燕，肖德钧．高职英语混合式教学模式构建及应用探讨 [J]．湖北成人教育学院学报，2017，23（1）：4-6.

[31] 马武林，张晓鹏．大学英语混合式学习模式研究与实践 [J]．外语电化教学，2011（3）：50-57.

[32] 庞德美．"互联网+"背景下高职院校英语教师发展面临的危机及对策 [J]．浙江工贸职业技术学院学报，2016，16（4）：43-46，53.

[33] 曾彩霞．混合式教学模式在高职英语教学中的应用 [J]．课程教育研究，2017

（14）：106-107.

[34] 刘士祥，朱兵艳 .M-leaning 视域下 APP 软件在混合式英语教学中的应用——以 Android 系统为例 [J]. 闽西职业技术学院学报，2016，18（1）：93-97.

[35] 刘士新，谭淅予，刘敏 . 大数据环境下大学生英语学习信息素养调查研究 [J]. 当代教育实践教学研究，2017（2）：241.

[36] 林雪燕，潘菊素 . 基于翻转课堂的混合式教学模式设计与实现 [J]. 中国职业技术教育，2016（2）：15-20.

[37] 吴银芳 . 基于混合学习的大学英语"翻转课堂"教学初探 [J]. 桂林师范高等专科学校学报，2015，29（4）：137-140.